1993年「セレッソ大阪」発足。
2014年にチーム結成20年目を迎える。
J2へ2度降格するなどの紆余曲折を経て、
「育成のセレッソ」というクラブのアイデンティティを確立した。
セレッソを、Jリーグを、そしてサッカーを愛する人へ。

2013年、8番は柿谷曜一朗の背中に。開幕からハイペースで得点を重ね、チームをけん引した。育成の後輩、南野拓実⑬も順調に育っている。

2008年12月6日、森島寛晃の現役最後の試合。この日、「背番号8」が香川真司に手渡された。写真は、試合後のセレモニーの様子。

OSAKA CITY
OSAKA CITY
MIZUNO
YANMAR
8
13
8

2度目の重傷（全治8カ月）を負い、心ならずも戦列を離れた吉野峻光のユニフォーム⑮を着た選手たちがゴール裏に集った。前列で黒木聖仁と酒本憲幸が手にしているのは、同じくけがをした茂庭照幸のユニフォーム。ピッチに立ちたくても立てない仲間も、一緒に戦っている。

2013.8.10
vs大宮アルディージャ

セレッソ・アイデンティティ

育成型クラブが歩んできた20年

横井素子

幻冬舎

CONTENTS

第2章

大阪発欧州行き
―乾貴士と清武弘嗣―

第4章

ジーニアス・柿谷曜一朗

優等生　扇原貴宏
脅威《きょうい》のティーンエイジャー、南野拓実
宮本功の次なる一手
柿谷は「最高にカッコイイお兄ちゃん」
セレッソ大阪スクールの王様
香川真司とともに、プロ生活へ
うさぎ柿谷と、かめ香川
ショッキングだった香川への8番継承
大活躍の直後に、また遅刻……
J2徳島への期限付き移籍
徳島ヴォルティスへの感謝の思い

第5章

レジェンド・森島寛晃

装丁＝松山裕一（UDM）
取材協力＝㈱UDN、㈱MR12、㈱SARCLE
㈱サンフレッチェ広島、㈱川崎フロンターレ
協力＝大阪サッカークラブ㈱／セレッソ大阪（www.cerezo.co.jp/）
写真＝©OSAKA F.C.
編集＝二本柳陵介（幻冬舎）

※文中敬称略
※各選手の所属チーム名は一部省略させていただきました。
※役職、肩書き等は特に断りがない場合、取材時のものです。
※所属チームなどのデータは2013年11月24日現在までのものです。
※参考文献:セレッソ大阪オフィシャルイヤーブック／セレッソ大阪オフィシャルマガジン『12th』

はじめに

背番号8のユニフォームを着て、ガッツポーズをする柿谷曜一朗の姿を、今シーズン何度見ただろう。よくぞ戻ってきてくれたと、本当にうれしかった。2009年6月、練習グラウンドから追われるように旅立っていった姿、2006年、新入団会見に臨んだときの自信ありげな表情、中学生ぐらいだったか、コーチと話していたシルエットも脳裏に残っている。

マンチェスター・ユナイテッドの一員として、長居に凱旋《がいせん》した香川真司は輝いて見えた。この人は一体どこまでいくのだろうと胸がわくわくした。2010年7月、ドイツに旅立つ日に空港に送りに行ったこと、ドルトムントへの移籍記者会見のときに驚かされたこと、プロ1年目にロッカーを片付けるため、寮から自転車に飛び乗って出ていった姿。

思い出はどんどんつながり、次々とあふれ出す。ミスター・セレッソの森島寛晃、彼のパートナーだった西澤明訓のことになると、とめどがなくなってしまう。

そんな事々を書きとめておけたらいいのに、チームを支えてくださっている人たちにもお伝えできるといいな、とずっと思っていた。


セレッソ大阪にかかわる仕事をして、ちょうど20年。始まりは、1993年に勤めていた広告代理店の社員として、「ヤンマープロ化推進室」を訪問したことだった。ヤンマーディーゼルサッカー部を母体に「セレッソ大阪」が誕生したころ、私は会社を退職してフリーになった。が、セレッソとの縁はつながった。本当にありがたいことに。

以来、フリーランスの編集兼記者としてクラブの広報ツールの制作に携わり、時には広報担当としてクラブの仕事をさせてもらってきた。

編集兼記者として、『イヤーブック』『オフィシャルマガジン』『マッチデープログラム』の制作、企画から取材、原稿書きにかかわらせてもらった。パウロ・エミリオ監督からレヴィー・クルピ監督まで、個性豊かな指導者の話を聞けたこと、多くのすばらしい選手たちに出会え、そのプレーを間近で見て、話を聞けたことは宝物だ。

広報担当としても、さまざまな現場に立ち会うことができた。２０００年１stステージの快進撃と「長居の悲劇」をつぶさに見られたこと、森島と西澤というクラブを代表する選手の引退を見届けることもできた。そして、世界に飛び出した香川を送り出すことも。

今年（２０１３年）の春、「セレッソの20年をまとめませんか」という提案をいただいた。クラブができて今年で20年目、来シーズンはチームの20周年になる。また、近年多くの優れた選手を輩出し、彼らが海外で活躍していることで、「セレッソから次々と才能が出てくるのはなぜですか？」と訊《たず》ねられることが増えた。その理由を考えてみたい気持ちもあった。いい機会だと思った。

構想を練っている間、ピッチでは新しい背番号8が躍動を始めていた。マンチェスター・ユナイテッドが長居に来ることも決まった。夏には、セレッソの育成出身として初めての日本代表選手が生まれた。やっぱり書くべき時期だったのだ、と確信した。

セレッソ大阪アンバサダーの森島さん、今はクラブを離れているが、選手のエージェント会社という近い場所で仕事をしている西澤さん、海外に活躍の場を移した香川選手、乾貴士選手、清武弘嗣選手にはぜひ話を聞きたいと思った。そして、「育成のセレッソ」のルーツを探ってみたかった。自分も立ち上げにかかわった「ハナサカクラブ」のことをもっと知ってもらいたかった。アカデミー出身の若い選手たちの声も載せたい、そして背番号8を背負って張り切っているあの人のインタビューも、たっぷり載せたかった。

20年の歴史のなかで、Jリーグ昇格を果たし、2度J2に降格したが2度復帰した。優勝には5度手が届きそうになったが、いずれもあと一歩で逃している。アジアチャンピオンズリーグにも出場した。そんな歴史も、あらためて振り返って文字に残しておきたかった。

お世話になった大好きなクラブに、そしてそこで出会った人たちに20年分の感謝の気持ちを込めて、本書をお届けしたい。

なお、本書の印税の一部は、セレッソ大阪アカデミーを支える「ハナサカクラブ」の運営費とさせていただきます。

2013年10月18日　横井素子

第1章

香川真司との邂逅《かいこう》

17歳でプロ契約を結ぶ

２０１３年夏、舞洲《まいしま》スポーツアイランド。ベイエリアにあるグラウンドで、香川真司は走っていた。大阪がとんでもない猛暑に見舞われる少し前、照りつける陽射しは厳しいものの、海からの風は乾いている。そんなコンディションだった。

マンチェスター・ユナイテッドのツアーに合流する前の、フィジカルコンディションを上げる自主トレーニングである。香川の表情から笑顔が消え、苦しさがにじみ始めていた。

「いいペースや、その調子！」

「ラスト！　頑張れ、（ペースを）落とすなよ！」

トレーニングのパートナーを務めるセレッソ大阪コーチ、小菊《こぎく》昭雄の声が響く。あとは、香川の荒い息づかいと、散水機の音だけが聞こえるピッチ。厳しさのなかにもどこか温かいものが感じられる光景だった。

「懐かしかったですね。真司がセレッソに入ってきたシーズンを思い出しました。自主トレに付き合ってほしいと依頼されて、『メニューは完全に任せてくれ。しんどいメニューにするけど、文句を言わずにやれよ』と約束して、引き受けることにしたんです。練習中、しんどいとかなんやかんや言っていたけど（笑）、しんどいけどやらなアカン、と葛藤《かっとう》しながら、頑張ってついてくる……という姿が、あいつの1年目とかぶりました」

Jリーグが中断期間に入っていたため、セレッソの練習は休み。いつもはサポーターでごった返すグラウンド周辺は、ひっそりしていた。

「真司は、『せっかくの休みなのにホンマにすみません』と何度も謝ってくれたけど、『僕自身が楽しんでるから、気を遣わなくていいんやで』と言いました。うれしいし、幸せな時間でした。マンチェスター・ユナイテッドの選手になった真司と、いっしょにトレーニングする機会なんてないと思っていたから。でも、全然変わらないですよね、素顔は」

スカウトを担当していた小菊が初めてそのプレーを見たのは2004年。香川と同じ、仙台のFCみやぎバルセロナユースに所属していたGK丹野研太を獲得するためにグラウンドを訪れたときだった。

「間違いなく、将来、セレッソの中心として君臨《くんりん》してくれるだろうなと思いました。21、22歳になったら、チームの中心選手のひとりとしてやってくれるだろう、そしてうまくいけば25歳ぐらいまでには日の丸をつけてプレーしてくれたら……というサクセスストーリーは頭に描きましたね」

才能に惚《ほ》れ込んだ小菊は何度も仙台に通い、熱心に口説いた。香川は続ける。

「最初に声をかけてくれたのがセレッソだったし、（僕自身が）神戸出身で大阪が近かったということもあった。先輩に丹野くんがいたことも心強かった。何より小菊さんが熱心で、セレッソの熱い思いを感じていた。それが決め手でした」

幼いころから高い志《こころざし》を持っていた香川は、1年でも早くプロの世界に入り、レベルの高いところでサッカーがしたいと望んでいた。新しい世界に飛び込むことにためらいはなかった。こうして、プロサッカー選手・香川真司が誕生した。Jクラブの下部組織出身者以外では、初めて「飛び級」でのJリーグ入り。高校3年生になる2006年、17歳の香川は、セレッソ大阪とプロ契約を結んだ。

香川獲得を決めた、チーム統括部ゼネラルマネージャーだった西村昭宏（現・日本サッカー協会ナショナルトレセンコーチ）は、第一印象をこう語る。

「小菊からいい選手がいると聞いて、クラブユースの試合を見に行ったんです。初めて見たときは、正直いってここまでになるとは思わなかった（笑）。でも、ボールを持ってプレーができる、常にボールのところに顔を出せるというプレーが印象的でした。将来性があるなということで、獲得が実現したのです」

加入当初は目立つ存在ではなかった

「とにかくメンツがすごかったです。前の年（2005年）に優勝争いをしたメンバー、モリシ（森島寛晃）さん、アキ（西澤明訓）さん、フル（古橋達弥）さんがいて、途中からは（大久保）嘉人さん、名波（浩）さんも加わった。仙台のFCみやぎから来た僕が、いきなりスター軍団のなかに入るのは、苦労したというか、ビックリというか、そういう思いが強かったです」

香川は当時を振り返る。同期入団のルーキーは8人。西村GMが立ち上げた、若手を鍛えるプロジェクトをスタートさせるため、チームには多くの有望な新人選手が集められていた。

「それぞれ個性があって、ほとんどが関西人。意識しましたね、お互いに。**同期が多ければ多いほど、負けたくないっていう気持ちになりましたし、彼らの存在は心強くもありました**」

同期には、そうそうたるメンバーが揃っていた。前年に高校ナンバーワンFWといわれた

入団会見でのひとこま。香川（左）と柿谷（中央）。

森島康仁（現・大分トリニータ）は、香川と同じ兵庫県出身。滝川第二高校卒業だが、その前はセレッソU－15に所属していた育成出身選手で、大柄で堂々とした風貌《ふうぼう》から「デカモリシ」と呼ばれていた。さらに注目を集めていたのは、4歳からセレッソ大阪のスクールで育った柿谷曜一朗だった。香川より1歳年下の16歳、当時から「天才」の異名を持つ、スター候補である。

ずらっと並んだルーキーのなかで、香川は決して目立つ存在ではなかった。いや、ほとんど目立たなかったといっていい。

「最近、入団会見のときの映像がよく流れるじゃないですか？　あれ、やめてほしいんですよね」と、香川は苦笑する。今年、8番をつけた柿谷が活躍し、２００６年入団組がにわかに注目されるようになったのだ。

「1日も早く試合に出られるよう頑張るので、応援よろしくお願いします」

会見で、あどけなさが残る表情で、初々《ういうい》しくコメントした香川だったが、その胸には誰よりも固く、強い信念が秘められていた。

「1年目は試合に出られなくてもいい。まずは、しっかり準備して、カラダを作って、それで奇跡的に試合に出られたらいいかな、と思っていた。**遅咲きでもいい、しっかり準備してプロのピッチに立ちたい。デビューが、21、22歳でもいいんじゃないかなって。**そんなに甘いもんじゃないと思っていた」

僕は天才じゃない

プロ1年目は香川にとって、厳しくも充実したシーズンだった。小菊が「懐かしい」と振り返った、若手選手を中心とした猛トレーニングが、トップチームとは別に連日行なわれていた。ヘッドコーチの大熊裕司（現・セレッソ大阪アカデミーダイレクター兼U－18監督）、コーチの勝矢寿延《かつやとしのぶ》（現・スカウト）、そしてアシスタントコーチだった小菊が、若い選手たちを徹底的に鍛えたのだ。

大久保（現・川崎フロンターレ）は、そのトレーニングの様子をよく覚えているという。

「とにかく、メチャクチャ走らされていましたね。サテライトの練習が始まると、トップチームの選手は、『競馬が始まったぞ』って言っていたぐらい」

トップチームの選手たちさえも、驚くほどのハードさだったのだ。

香川にとっても印象深かったという。

「仙台から大阪に来て、**サッカーに集中できて幸せでした。**FCみやぎでは、シャワールームも更衣室もなかったし、土のグラウンドでした。それが、セレッソでは芝生のグラウンドで練習できて、練習場から寮までは10分です。午前の練習が終わったら、昼飯を食べて、ゆっくりできる。朝昼夜と寮で食べて、外にもあまり出ずにサッカーに集中して……。ピッチ以外は本当に自由な時間が多くて、誰にも拘束されないから、一歩間違えたら勘違いしてしまって痛い目にあったかもしれないけど、当時はサッカーだけ。指導者からも集中しろって、言われ続けていました。実際、1年目、2年目は本当にぎりぎりの精神状態だったけれど、**プロの世界は厳しいって自分に言い聞かせて、サッカー以外には気がいかないようにしていました**」

プロになったのと同時に、学校も通信制の高校に転校した。香川がサッカーに打ち込める環境は整っていた。

「1年目は、試合に使ってもらえないことに対するストレスはなかったです。その分サテライトの練習で、メチャメチャ頑張ってやれていたし、充実していた。もちろん、トップチームの試合には出たいけれど、焦りはまったくなかった。しっかりと練習して、カラダを鍛えてからって思っていた」

私の、ルーキーイヤーの香川の記憶は、申し訳ないぐらいに少ない。わずかに記憶に残っているのは、若手選手を対象にしたインタビューをしたときの、「自分はボランチとして勝負したいと思っている。（ブラジル代表の）カカが目標です」「いつもみんなに怒られてばかり（笑）。今日もロッカーが汚いとマネージャーから怒られて、片付けに行ってきました」「好きな女性のタイプは長澤まさみさん。メッチャかわいいと思いませんか？」ということぐらい。

ただ、何気なく、「ドリブルとかボールタッチとか、天才的にうまいよね」と言ったときの反応は印象的だった。**「僕は天才じゃないです。よくそういう勘違いをされますけど、違うんです、本当は」**。怒ったような口ぶりは、はっきりと覚えている。

J2が結果的に大きかった

香川たちが、サテライトチームで汗を流し、デビューを夢見ていたころ、トップチームは苦境に立たされていた。開幕から4連敗し、8節を終えた4月には小林伸二監督が解任された。代わって、育成アドバイザーを務めていた塚田雄二が指揮を執《と》り、立て直しを図ったが、低迷は続く。シーズン途中の6月には、マジョルカ（スペイン）から大久保が復帰して合流、さらに8月にはジュビロ磐田から名波が期限付き移籍してきた。彼らの尽力もあり、リーグ終盤になって少し調子は上向いたが、結局J1残留にこぎつけることはできず、最終戦で川崎フロンターレに敗れて、J2降格が決まってしまった。

セレッソは、2001年にも降格の憂《う》き目にあっている。前年（2000年1stステージ）に優勝まであと一歩に迫りながら、川崎フロンターレにVゴール負け（長居の悲劇）してタイトルをつかみ損ねると、翌シーズンは急激に失速し、年間最下位に沈んだのだ。

このシーズンも同じパターンだった。前年の2005年には最終節まで優勝争いをしながら、アディショナルタイムの失点でFC東京に追いつかれ、ガンバ大阪にタイトルを持っていかれる「2度目の長居の悲劇」を味わっていた。歴史は繰り返されたのだ。

しかし、香川にとって、J2降格はそれほどネガティブなものではなかった。

「もちろん、J1という舞台でやりたかったのはありました。でも、今、結果論からいうと、あのときチームがJ2に行ったのは、俺にとって大きかったなと思います。降格したことで主力選手が移籍してチームを出ていったから、若い選手にチャンスが巡るようになってきた。そこで試合に出続けられたというのは大きかった」

2007年のシーズンを前にして、多くの主力選手たちがチームを離れた。下村東美《とうみ》、柳本啓成《ひろしげ》（引退）、ブルーノ・クアドロス、山田卓也、徳重隆明……事情も、状況もそれぞれだった。さらに、大久保はヴィッセル神戸へ、名波も東京ヴェルディに移った。

サポーターにとって、最もつらかったのは、西澤の移籍だったろう。1995年に清水東高校を卒業後に入団、2001年にヨーロッパでプレー（スペイン・エスパニョール／イングランド・ボルトン）した1年間を除くと、森島とともにチームを支え続けた「チームの魂」ともいうべき存在が、降格のタイミングでチームを去った。本人にとって、悩み考え抜いた末の決断だった。「現役最後は生まれ育った清水（エスパルス）でプレーしたい」という西澤のかねてからの思いを、サポーターたちは涙とともに呑み込んだのだ。

若手を積極的に起用したレヴィー・クルピ監督。

レヴィーとの出会い

「世代交代」が行なわれ、開幕した2007年。目標を「1年でのJ1昇格」に定め、J2リーグ48試合に臨んだ。新しい指揮官として招かれたのは、都並《つなみ》敏史である。「J2での指揮経験が豊富で、ベガルタ仙台でも、東京ヴェルディでも悔しい思いをして、J1へ上がりたいという強い気持ちを持っている」（西村GM）というのがその理由だった。

香川にとってプロ2年目、「今年は試合に出る」という新たな目標を掲げ、大きな意気込みを持ってシーズンがスタートするはず、だった。しかし、現実は厳しかった。2月に行なわれた宮崎でのキャンプで、香川はレギュラーメンバーになれなかった。それどころか、紅白戦のBチーム（相手チーム）にさえ入れなかったのだ。

「キャンプでは、最初サイドバックをしたこともありました。つらかったっすよ。2年目の幸先《さいさき》はすごく悪くて、大丈夫かなって思っていた。チャンスは全然なかったし、開幕戦のベガルタ戦はベンチにも入れず、スタンドから（観戦）だった。でも、必死にアピールして、徐々に出られるようになって……」

プロデビューは、第7節、4月7日のサガン鳥栖《とす》戦。古橋と交代しての途中出場で、11分間のプレーだった（3－0で勝利）。

しかし、チームは開幕3連敗するなど、きわめて出足は悪かった。さらに、大黒柱でありキャプテンでもあった森島が、第6節（3月31日）のコンサドーレ札幌戦を最後に、戦線を離脱。のちに引退を余儀なくされることにつながる、原因不明の首痛を発症したのだ。

少しずつ監督の信頼を勝ち取り、途中出場ながらプレー時間を延ばしていた香川にとって、衝撃の出来事が起きた。5月6日、アウェイでのサガン鳥栖戦のことだ。柿谷曜一朗と交代しピッチに立った香川は、中盤で痛恨のミス。そこからゴールを奪われてチームは敗戦を喫してしまった。

翌日、都並監督の解任が発表された。チームをマネジメントしていた西村GMも同時にクラブを去ることが決まった。

「もちろん、よく覚えています。僕のミスで負けて、監督が解任になった。申し訳なかったですけど、そこはプロの世界ですから。自分のなかで切り替えていました」

下を向いている時間はなかった。新監督であるレヴィー・クルピが来日するまで、暫定《ざんてい》的に指揮を執った貴志俊治《きししゅんじ》コーチのもと戦ったコンサドーレ札幌戦（5月13日）で、香川は初めてスターティングメンバー入りし、フル出場を果たす。ゴールこそあげられなかったが、ボランチのポジションから前に飛び出すアグレッシブなプレーを見せた。

次の試合からは、ブラジルからやってきたレヴィー・クルピが采配をふるうことになった。1997年に1シーズン指揮を執って以来、10年ぶりの復帰であった。大阪サッカークラブ株式会社の出原《いではら》弘之社長（当時）は、

「レヴィー・クルピには、サポーターが納得できる戦いをすること、アグレッシブにプロらしく戦い続けること、どうしても今年1年でJ1に昇格したいという思いも十分認識してもらっている。中長期的な目標として、しっかり若手を育成するとともに、J1に昇格して2、3年後にはJ1で優勝争いができるチームにしたいということも理解してくれている」

と、新監督への期待を説明していた。

5月14日、就任会見の席で、レヴィー・クルピは、興味深い発言をしている。「セレッソには若い選手が多い。選手育成とJ1復帰、2つの目標をどのように達成するつもりか？」という記者の質問に対して、「いい選手は年齢に関係なくプレーをすればよい。（前職の）アトレチコ・ミネイロ時代は、先発のうち6人がユースから上がってきた選手だった。私は経験・年齢に関係なく、いい選手は試合に出す」。

そして、セレッソのサッカーについて感想を求められると、「（今のセレッソには）ディフェンスラインからフォワードまでの間にプレーがない。そこにサッカーが存在しないと感じた。それは人がいないからなのではない。機能していないだけ。私は、その部分のスタイルを築《きず》くサッカーをしたい」。

2列目がイヤだった

セレッソ大阪とレヴィー・クルピとの「再会」。それは香川にとって、運命を大きく変える出会いになった。

「シンジの技術のクオリティの高さはすぐにわかりました。あとはフィジカルの強さも。初めて見たときに、いろんな長所が目についたのですが、ひとつだけ、不思議だったのは彼のポジションがボランチだということです。とても違和感《いわ》がありました。すごい運動量があって、ゴールに結びつく飛び出しもある。ゴールへの意識も高い選手なのに、なぜ？　と思いました。体格的にも大きくはなかったので、もうひとつ前のプレーヤーであるべきだ、と思いました」

それがレヴィー・クルピ監督が抱いた第一印象だった。「ボランチではなく、ひとつ前のポジション、２列目へ」のコンバートが即決定された。

しかし、香川自身にとっては、すぐには受け入れがたいことだった。

「『なんでレヴィーはボランチをやらせてくれないんだろう？』って、いつも小菊さんに言っていましたね。２列目の左サイドは好きじゃないというか、なんでこのポジションをやらなきゃいけないの？　という思いがありました」

小菊は、不満を露《あらわ》にしていた姿をはっきり覚えている、と苦笑する。

「僕は、攻撃的ＭＦよりひとつ後ろの、遠藤（保仁《やすひと》／ガンバ大阪）みたいなポジションで大成してくれたらいいな、と思っていました。常に彼がゲームを作りながら、最後はフィニッシャーとして出ていくというようなイメージを持ってスカウトしたのですが、レヴィーはちょっと違っていた。**『ボランチはいつでもできる。やりたいときにやればいい。でも、今は、一番シビアなところでもまれないといけないし、そこで結果を出せ』**と。僕には、『それをシンジに理解させろ』と言ったのです」

小菊は、香川の思いを受け止めつつ、レヴィー・クルピの考えを説いた。

「すごく幸運だったのは、真司は試合に飢《う》えていました。開幕前は、紅白戦にも出られなかったのですから。ああいう性格だから、試合に出られていたらコンバートは受け入れなかったでしょう。試合に出たくてしょうがなかったからこそ、大好きなボランチのポジションを手放してでもチャレンジしよう、という気持ちになったのだと思います。タイミング、レヴィー・クルピというすばらしい監督との出会い、監督の考え、それを受け入れる真司の態勢《たいせい》、準備、何よりも、彼が新しいポジションで結果を出したことがすばらしかった」

覚悟を決めた香川はもう迷わなかった。自らが信じる道を、まっすぐに進んでいくのである。

「ポジションがひとつ上がって、スタメンで出られるようになった。**僕にとって、今があるのは、あのポジションで使われ始めたから。**監督には、『若いうちは前でどんどん勝負しろ』『結果（得点）を残せ』と言われましたね。そういうのをやり続けることによって、2

列目の面白みを感じ出したんです。『若いうちに今のポジションをやっておけば、ボランチなんていつだってできるよ』と言われて、なるほどなって。2列目でがんがん積極的にトライする1対1の重要性や、結果にこだわることはかなり教えられました。それはホントによく覚えていますね」

レヴィー・クルピの口癖は、今も昔も「数字で結果を残せ」。つまり「ゴールをあげろ!」ということだ。香川は、その言葉に応《こた》え続けていく。2007年の成績は、35試合出場、5得点。同期のなかでも、頭ひとつ抜け出した存在になっていた。能力はまさに開花しようとしていた。

北京オリンピック3戦全敗

結局、2007年はJ2で5位に終わり、「1年でのJ1復帰」を果たせなかったチームは、2008年もJ2での戦いが続いた。就任2年目のレヴィー・クルピにとっては、この年こそ昇格を果たさなければならないシーズンだった。しかし、序盤のチームは好不調の波が激しく、上位定着がままならなかった。そのなかで、香川を取り巻く環境は少しずつ変わっていった。日本代表に招集され、チームを離脱することが増えたのである。J2リーグ42試合に加えて、各年代の代表でプレーすることになったのだ。

それまで招集されていたU－19日本代表に続き、4月には初めて日本代表候補のトレーニングキャンプメンバーに選出された。5月には、キリンカップサッカー2008の日本代表メンバーに入り、同月24日、コートジボワール戦で国際Aマッチデビューを果たす。平成生まれとして初の、しかもJ2からの選手とあって、その名前は一気に全国に知られるようになった。

さらに8月には、U－23日本代表として、北京オリンピックに出場。香川の将来に少なくない影響を与えたのが、このオリンピックだ。日本はグループリーグ3戦全敗で大会を終えた。

「悔しいけれど、これが自分の今の、メンタルと技術のトータルの力かなと思います」

自分の現在地点を知り、課題を思いしらされたのだ。同時に、世界のレベルを肌で感じることができた、とも話していた。のちに、「海外でプレーすることを現実的に考えるきっかけになったのは、北京オリンピックだった」と振り返ってもいる。

その間も、J2の戦いは途切れることはなかった。2008年秋、香川は、さらなる過密《かみつ》日程をこなすことになる。U－19日本代表と日本代表の両方に名を連ね、1年間でなんと3つのカテゴリーを「掛け持ち」する超多忙ぶりであった。

面白いエピソードがある。2008年11月に行なわれた「AFC U－19選手権サウジアラビア」のメンバーに柿谷とともに選出された香川は、10月26日から11月4日の「期間限定」で大会に参加した。11月4日のサウジアラビア戦に出場した直後に帰国すると、8日、アウェイで行なわれたヴァンフォーレ甲府戦にフル出場したのだ。2ゴールをあげて大逆転勝利に貢献した香川について、相手の安間《あんま》貴義《たかよし》監督は、「まさか香川選手が試合に出てくるとは。メンバー表を見たとき、同じ名前の選手がもうひとりいるのかと思った」と、目を丸くしていた。

しかし、レヴィー・クルピは、タイトなスケジュールのなかで出場させることにためらいはなかったと、試合後に打ち明けている。「シンジは、サッカーが好きでたまらないんだ。試合があるなら毎日でも出たいと思っている。」いつも言っていることだが、彼は日本のサッカー界を背負って立つ選手になるのでは、と強く確信している」と。

11月23日に行なわれた湘南ベルマーレ戦は、日本代表のカタール遠征（ワールドカップ南アフリカ大会アジア最終予選）から帰国した3日後に先発出場。先制される苦しい展開だったが、逆転ゴールを突き刺して勝利に貢献している。見事な鉄人ぶりであった。

「今年、日本代表に選ばれるとは思っていなかったし、オリンピックのこともそうです。うまくいきすぎている分、しっかり足元を見つめないと失敗してしまう可能性も高い。うまくいっているようで、いっていない部分も確かにあるし、気を引き締めてやらなければいけない。**代表に入って騒がれることで、自分を見失ってしまうのでは、と感じることもあります。（騒がれるのは）しょうがない部分があるけれど、足元を見てやることが一番大事。自分に厳しくやっていきたいです**」

当時のクラブオフィシャルマガジンのインタビューで、そう語っている。周りに騒がれ、持ち上げられるときほど、気を引き締めて、しっかり足元を見つめて。冷静な分析と、己への厳しい視線は、19歳のときにすでに備《そな》わっていた。香川は、そのあとも、ずっとあとも、同じような言葉を口にすることになる。

相棒　イヌイタカシ

2008年6月、香川はベストパートナーとなる選手と出会っている。乾貴士である。横浜F・マリノスから期限付きで移籍してきた20歳のアタッカーとのコンビネーションは、見るものを楽しませた。年齢も近くて（乾が1歳年上）、ともに小柄。テクニックに長け、小気味よくゴールを落とし入れるプレーで、またたく間に「セレッソの2枚看板」になっていった。

「（サッカーの）感覚が、今までやってきたなかでも一番合いましたし、本当に自分がほしいタイミングで、ボールが来る。アイツが来てから攻撃が助かった。楽《らく》できたというか、（乾は）ドリブルができて、シュートが打てて、スルーパスも出せる。攻撃の形も増えたし、自分もいかされるようになった。かなり楽になりましたね」

２００８年7月9日のモンテディオ山形戦で、乾の移籍後初、同時にJリーグ初となるゴールをアシストしたのは、香川だった。8月の北京オリンピック以降は、香川が出場停止だった1試合を除いたすべての試合、13試合に2人は揃って先発出場。そのなかで、香川は12得点、乾は5得点というハイペースでゴールをあげ続けた。

10月19日のサガン鳥栖戦では、乾のパスを受けた香川が先制ゴールを決めれば、2点目は逆に香川が乾をアシスト。そのあとさらに1点ずつを取り合って、4－1で快勝している。試合を重ねるごとに、コンビネーションに磨きがかかっていった。

この試合後、「香川選手のシュートの精度が上がっているのでは?」と聞かれたレヴィー・クルピは、「シンジには、サッカー選手として必要なすべてのクオリティが備わっているが、いかに結果を出すかという決定率、あるいはプレーの精度を上げていくという点については、もっともっと求められる。代表チームでの経験や、練習のなかで上を目指していくことで、間違いなく日本の将来を背負って立つ、日本を代表する選手になってくれると思う」と答えた。

「ゴール」をどん欲に求め続けるレヴィー・クルピの教えは、香川はもちろん、乾にも、そしてそのあとに加わる選手たちにも、強烈に刷《す》り込まれていった。

ミスターセレッソから継承した背番号8

2008年シーズン終盤、クラブにとって大きな出来事があった。18年間、チームの中心として君臨してきた森島の現役引退である。10月30日に引退の事実が発表され、選手たちにも伝えられた。「AFC U-19選手権サウジアラビア」に参加していた香川は日本にはいなかった。が、帰国後の試合で、大先輩への思いを爆発させた。

森島に8のユニフォームを着せられた香川。

前述した、11月8日のヴァンフォーレ甲府戦。0－2とリードされたが、反撃の狼煙《のろし》を上げる1点目を叩《たた》き出すと、試合終盤には勝ち越しゴールを奪った。そして、自分の「26」のユニフォームをまくり、下に着込んだ「8」のユニフォームをサポーターに見せて、喜びを爆発させた。「ピッチに立ちたくても立てない森島さんもいっしょに戦えるように」と、当時のチームマネージャーが、香川に託《たく》したのだ。

　次の湘南ベルマーレ戦でも、「後半から森島さんのユニフォームを着た」という香川が、46分に決めた逆転ゴールで勝利をおさめた。続くザスパ草津戦でも、2ゴールをあげた。

「森島さんのユニフォームを着出してから3

試合すべてで点が取れている。何かあるんだと思います」

インタビューでそう声を弾《はず》ませる香川に、多くのサポーターたちは、「クラブの象徴」の姿を重ね、「モリシの後継」をイメージしたはずだ。志半ばでピッチを去らざるを得なかった、ミスター・セレッソの思いは、この19歳の新鋭が引き継ぐべきではないか、と。森島本人も同じ気持ちでいた。

「真司は大事なところで点を取るなど、大きなことができる選手。絶対に新聞の1面に載《の》る男だと思います。きっとブレイクすると思う」

かねてからそう話していた森島にとって、自然な流れだった。初代8番から次の8番への「継承」は、2008年J2リーグの最終戦（12月6日、愛媛FC戦）に行なわれた。

それまで3試合、香川が着ていた「8番のユニフォーム」をまとった森島は、ベンチに座っていた。後半のアディショナルタイム、選手交代が告げられ、26番に代わって8番がピッチに立った。「森島さんといっしょにプレーがしたい」という香川の思いは、とうとうかなわなかった。

試合は2−1で勝利した。が、3位争いをしていたベガルタ仙台も勝ったことで、勝点1差で4位となり、J1とJ2の入れ替え戦に出場することができず。またしても、セレッソのＪ１復帰はならなかった。

試合後、森島の引退セレモニーが行なわれた。場内一周し、ゴール裏のサポーター席の前で、突然その「儀式《ぎしき》」は行なわれた。森島がユニフォームを脱ぎ、香川に近寄っていって着せたのだ。サポーターたちは拍手と歓声をもって、それを祝福した。

「今から思うと、真司にはちょっと申し訳ないというか、かわいそうなことをしたと思いますね。もともと、ちゃんとしたセレモニーのようなことをする、と聞いていたのですが、正式に渡してしまうと、真司が違う決断をしたときに、どんな気持ちになるかなと思って。あえて、試合後のあの雰囲気のなかで無理やり着てもらったんです（笑）。『真司、ごめんな。こんな時期にこんなことをして。とりあえず着といてくれ』って言って。実際、真司がチームを引っ張っていってくれていましたし、クラブのなかでもそういう意向はありました。引退するにあたっては、真司に自分の気持ちを話しました。自分は引退していくけれど、この数年で真司たちがセレッソというチームの土台を築いてくれた。チーム、サポーター含めてひとつになっていくなかで、彼の存在はすごく大きかった。チームに絶対必要で、８番をつけて頑張っている姿を見てみたいと誰もが思っていた。真司も周りの思いを感じてくれていたのでしょう、『**大事にします。キング（三浦知良選手）のユニフォームの横に飾ります**』

と言って、受け入れてくれたんです」

森島は、当時を振り返る。託された側の香川は、やはり戸惑《とまど》ったと話す。

「ヨーロッパでは、ある番号がリスペクトされるっていうのはありますけど、まだJリーグではレジェンド的なものはなかった。そんななかで、**モリシさんの8番というのは、サッカーファンなら誰もが知っていて、大阪のファンがみんな意識していて、影響力がある番号。**ましてや森島さんっていう、昔からもこれからも絶対的な存在だと思っている人から自分が受け継ぐっていうのは、不思議な気持ちがありました。セレッソに入って3年目の僕で、本当にええんかなって」

それでも、森島の思いを受け止めた香川は、名実ともにセレッソ大阪のエースになることを決意する。

プロ3年目、2008年の成績は、J2リーグでは35試合出場16得点。加えて日本代表、U－23日本代表、U－19日本代表、3つのカテゴリーを掛け持ちした、まさに八面六臂《はちめんろっぴ》の活躍であった。

怒りを露にした敗北

2009年、セレッソ大阪にとって新しい時代が幕をあけた。18年間、チームの先頭に立った「背番号8」はもういない。代わって、20歳の香川がチームの中心にいた。

J2での戦いは、3年目に入った。「今年こそ昇格」の気持ちは誰もが感じていた。クラブは、森島とともに創成期からチームを支えたFW西澤を清水エスパルスから再獲得して復帰させ、ブラジル人の技巧派ボランチのマルチネス、韓国の新鋭ゴールキーパー、キム・ジンヒョンも獲得するなど、強化に努めた。香川の絶対的なパートナー、乾も完全移籍を果したことで、陣容は整った。

2007年、2008年と過去2シーズンは、スタートダッシュに失敗していたが、その轍《てつ》を踏むことなく、開幕からの8試合を7勝1分けで乗り切り、そのあとも昇格圏内《けんない》で戦い続けた。

プロ4年目を迎えた香川は、さらにすごみを増したプレーでJ2を席巻《せっけん》した。第9節（4月19日）、コンサドーレ札幌戦では、ドリブルで相手DFを次々と抜き去り、翻弄《ほんろう》したあげくにシュート。「気持ちよかった。イメージどおりに決められた」（香川）と振り返ったゴールは、J2では「規格外」といわれた。そのあともゴールを積み重ね、チームを勝利に導き続けたが、本人には満足のかけらもなかった。

「自分ではもっと上でやるという目標があるから、今、セレッソで頑張ること、レベルを上げていくことが大事。もちろんJ1だと、『やべっちF.C.』とかで特集されたりしますけど（笑）、それはいつか見返してやろうと思っています。セレッソがJ1に上がったとき、テレビに出たりしてもっとセレッソはこういうものだと見せたいし、香川真司というものをもっと知ってほしいところもあります。だから、**今はJ2でしっかりと活躍して、J1に絶対に上がって、いい意味で日本を驚かせたい。**そして、個人的にももっと上に行って、驚かせたい。そういう気持ちでやっています」

オフィシャルマガジンのインタビューからは、J2でプレーしながらも、野心をむき出しにする若き日の香川の胸のうちが読み取れる。

負けることに対する尋常《じんじょう》ではない悔しさ、納得いかないプレーに怒りを見せたのも、このシーズンのことだ。第27節（7月12日）の湘南ベルマーレ戦。自らも2得点をあげてリードしながら、終盤に逆転を許し、3－4で敗れた試合。香川は、怒りに顔をゆがめてミックスゾーンに現れた。

「ありえないと思います。3点取って負けるなんて。こういう試合で4失点もしたら勝てない。守備力を高めるしかない。ゴール前で攻められても、ひとりひとり競り負けないようにしないと。後半から運動量が落ちるといわれるが、チームとして日ごろの練習からしっかり走り込んだりしないといけない」

聞きようによっては、チームメイト批判、チーム批判とも取れるコメントだった。口調は冷静だったが辛らつ。それほど悔しく、受け入れがたい敗戦だった。

「よく覚えていますよ。今考えると、メディアを通して言うことじゃなかったな、とは思います。けど、あのときは他に手段を知らなかったから。はっきり伝えたのはよかったかな、と。あの試合は悔しかったなあ。決して満足はできなかった。置かれているのがJ2だったので、より自分に厳しかったんだと思います」

当時のキャプテンであり、ディフェンスの中心としてプレーしていた羽田《はねだ》憲司は、そのコメントをよく覚えているという。

「当時、すでにチームのなかでの真司の地位みたいなものが確立されていて、発言力もあったんです。湘南に負けたとき、すごく怒ってコメントしたけど、言ったことは間違っていなかった。逆にこんなことも言えるようになってきたんだな、って思いましたね。完全なディフェンス批判だけど、間違ったことは何ひとつ言っていなかった。『お前の言うとおりだよ、言いたかったら言ったらいいんだよ。でも、ちょっと（言い方を）考えたほうがいいよ』とは言ったかな。次の日、新聞にそのコメントが載って、気まずそうな感じだったから、僕のほうから声をかけたような気がしますね」

当時、広報担当だった私に、「あんなコメントさせて大丈夫？」と言う人もいた。チームの和を乱す、という点ではNGだったかもしれない。でも、あまり感情を表に出さない彼が、敗戦にあれほど強い怒りを見せ、エゴをむき出しにしたことは、個人的には少しうれしかったのを記憶している。

香川を支えた寮長　秀島弘

試合に勝てばうれしい。チームメイトと喜び合い、サポーターの前でも無邪気《むじゃき》に笑顔を見せる。しかし、その陰で負け試合にこそこだわった。

「香川くんはね、いつも寮の食堂で、試合のＤＶＤを見ていた。それも負けた試合ほど、食い入るように見ていたよ。試合が終わって、他の選手たちは外に出かけていっても、ひとりで寮に残っていた。よっぽど悔しかったんやろうね」

そう教えてくれたのは、セレッソ大阪選手寮の寮長、秀島弘だ。2003年から寮長を務める秀島は、調理場をあずかる「料理長」でもある。かつて兵庫県有馬温泉の老舗《しにせ》高級旅館の総料理長として数十人の料理人を束《たば》ねていた秀島は、選手たちにとっては父親であり、おじいちゃんであり、時には師のような存在だ。

「香川くんは、入ってきたときからおとなしかったなぁ、あまり前に出てくるタイプではなかった。カラダも華奢《きゃしゃ》で、女房は『サッカーできるんやろうか?』と言ってたぐらい。食は細かったね。寮では1日3700キロカロリーの食事を出していて、ゆっくりだけど、最後まできれいに食べていた。彼は、1年目からまじめにコツコツやっていた。ずっと頑張っていたよ。素直な性格でね。私は、常に選手たちをこの子はどんな子かな? と見ている。悪いところがあったらはっきり注意する、誰にでもね。でも、選手の反応はいろいろや。『料理人にサッカーのことなんか、わかるか』と耳を傾《かたむ》けようとしない子もいる。そのなかで、香川くんは一番言うことをよく聞いた。素直な性格なんや。『プロサッカー選手も、料理人も同じ技術者』、これが私の考え方。自分の体験したことを話したし、アドバイスもした。

彼はいつも真剣に聞いていた」

あるとき、なかなか持久力がつかないという香川に、秀島はこんなアドバイスをした。

「オフの間、走り込みをしろ。最後まで走り切れるカラダを作らないとダメだ」

「えらいやつですわ、チームがオフになる12月から1月にかけて、実家の近くを毎日30キロ、正月の三が日以外は毎日ランニングしたというんです。1月末に寮に帰ってきたときは、カラダつきがまったく変わっていた。それを3年間続けた。たいした努力家です」

秀島から聞いたそのエピソードを話すと、香川は笑い出した。

「話、盛っているわー。秀島さん、盛りすぎでしょ（笑）。オフの間、ランニングはしていましたけど、実質は1カ月も走っていないですし、距離も実家から舞子まで、10キロぐらいで、全然たいしたことないです。まあ、せっかくなんでそういうことにしておきましょう（笑）。ただ、練習のあとにプラスアルファで走るということはよくありました。そういうところは、**あまり周りには見られたくない気持ちが常にあって、誰もいないグラウンドで走っていましたね。若いうちにそういうことをやっておかないといけないって、思っていましたから。**それにしても、秀島さん、盛ってきたなぁ（笑）」

香川は、新人選手が寮で生活しなければならない3年間を過ぎても、しばらく寮生活を続けていた。その後、ひとり暮らしを始めてからも、しばしば寮を訪れて、秀島の手料理に舌《した》鼓《つづみ》を打っていた。

「ある晩、もう寝ようかというぐらいの遅い時間に、香川くんが突然訪ねてきたんです。『寮長、いなり寿司を買ってきたから、うどん作ってください』と、言うわけ。『アホなこと言うな。もうワシは寝るんや。アカンアカン』と断ったら、『そんなこと言わないでください。いなりが泣いています』ときた。うまいこと言うなあ、と思ってうどんを作ってやりましたわ」

2人の掛け合いが目に浮かぶエピソードだ。なぜか、世話を焼いてやりたくなる、そんな資質が香川にはあるのだ。秀島に言うと、「そうなんや」とうなずいていた。世界のどこにいても、常に周りには、彼を温かくサポートする人たちがいるのではないだろうか。

J2得点王に輝く

2009年、大きな不調もなく順調に勝点を積み重ねたチームは、J1復帰に向けてひた走った。連敗はシーズンを通じてわずかに1度だけ。特に第36節から48節まで負けなしと、圧倒的な強さを見せた。

が、香川はアクシデントに見舞われていた。右足小指を痛め、１００％のコンディションでプレーできなくなっていたのだ。終盤戦は、すべてベンチスタートとなり、コンディションを見て出場時間をコントロールすることになった。「多少のケガ、痛みがあっても、チームのために戦ってもらう。それはシンジも、シンジ以外の選手も同じこと。目標を達成するための総力戦になる」というレヴィー・クルピの考えによるものだった。

記録を見てすごいとあらためて思うのは、香川が、その終盤に交代出場した7試合であげたゴールが3得点もあったこと。まさに身を粉《こ》にして戦ったのだ。なかでも、感動を持って思い出されるのは、10月7日に札幌厚別公園で行なわれたコンサドーレ札幌戦の決勝ゴールだ。

気温は10度を割っていて、真冬のようなコンディション下のナイトゲーム。後半から出場した香川は、０－０で迎えたアディショナルタイムに劇的なゴールを決めた。FWカイオのシュートに詰めた「ごっつあんゴール」（香川）だったが、痛みに耐えながらの鬼気迫るプレーだった。

第48節のザスパ草津戦では、乾が4得点と大暴れして、５－０の大勝をおさめた。これで、

2位以上が確定した。「J1復帰、決定」。香川は途中交代でピッチに立ち、感動の瞬間を味わった。

「最高の1日になりました。サッカー選手として幸せです。サポーターが2万人以上来てくれて……満員ではなかったですが、僕には長居（スタジアム）が満員に見えました」

J2の試合では、特にアウェイでは、1万人以上の観客が入ることは稀《まれ》だった。時には、2000人台、3000人台という試合さえあった。「それでも、試合に出られることが大きかった。ここで鍛えて、必ず上へ行くんだ、と思っていた」と、いつも話していた。

長かったJ2でのプレーは、いよいよ終わりに近づいていた。昇格決定後の11月24日、香川は痛めていた箇所（右足第5中足骨）の手術を受けた。残り試合は欠場し、ホーム最終戦で行なわれたシーズン終了のセレモニーには、松葉杖《づえ》をついて参加した。27得点（44試合出場）をあげた香川は、J2得点王に輝いた。

早く世界へ出たい、という思い

待ちに待ったJ1の舞台はすぐ目の前にあった。が、すでに香川は「先」を見ていた。ヨーロッパ移籍である。12月に入ると、香川の周辺はにわかに騒がしくなった。リーグ戦が終わったあと、ヨーロッパに渡った。オファーがあったクラブを実際に自分の目で見るためだった。

「早く世界へ出たい。ヨーロッパに行かなければ始まらない」という強い気持ちは、日に日に大きくなっていた。気持ちは「移籍」に大きく傾いていた。

メディアはこぞって、香川の一挙手一投足に注目した。クラブにも連日問い合わせが入るようになった。去就を訊ねるためである。移籍か、残留かの決断は年を越した。

「ケガのこともあったし、（オファーをくれた）クラブを実際に見て、もうちょっと待ったほうがいいんじゃないか、と思いました。ドルトムントも行きましたが、（2010年の）夏に来てくれと言われて、他の2つのチームについては、興味がわかなかったというか……もう少し他のオファーを待って選択肢を増やしたかった。ヨーロッパの開幕時期に合わせて移籍したほうがいい、ということも聞いたし、ワールドカップで活躍して、そのあとに行ったほうがいいんじゃないかとも思った。移籍については、小菊さん、（秀島）寮長、レヴィー、家族や代理人のトーマス（・クロート）も、本当にすべての人たちが協力してくれた。そういうところは恵まれていると思います」

ひとまず封印した海外移籍

ヨーロッパへの視察には、小菊も同行した。普通なら、セレッソのコーチが移籍先の視察に同行するというのは、考えにくいことだ。

「やっぱり自分の、信頼の置ける人、自分をわかってくれている人にいっしょに来てほしかったというのはありました。いっしょに行っていいのか、ぎりぎりまで判断を待ちましたけど、セレッソも協力してくれましたし、小菊さんも快《こころよ》く来てくれたんです」

天皇杯はすでに敗退が決まり、チームはオフに入っていた。

「クラブがOKしたことで、視察に同行したんです。真司は手術をしたばかりで、向こうにいる間もトレーニングが必要だったということもありました。セレッソとしては、当然次のシーズンも戦力として考えていましたし、年明けには日本代表の合宿も控えていた。そのためにコンディションを整える必要があったんです。僕は、セレッソのスタッフだから、残ってほしいという気持ちはあった。でも夢もかなえてほしい。最終的には真司が決めることだけど……と複雑な思いでしたね。最後に訪れたのが、ドルトムントでした。8万人のお客さんで揺れるスタジアムに入ったとき、真司の目は少年のようにキラキラ輝いていました。『すごいよ、小菊さん、こんなところでできるなんて！』と言っていたから、『ああ、このチームでやりたいんやな』と。試合終了の笛が鳴ったとき、真司が『小菊さん、やれる』、僕は『真司、やれるな』。そう同時に言ったんです」

あとは移籍するタイミングだけだった。

「ケガをしたばかりのコンディションで合流するのはリスクがある。ましてドイツはシーズン途中だし、２０１０年はワールドカップ・イヤーでもあるからな」

小菊はそうアドバイスをした。

もうひとり、移籍にあたって重要な助言をしたのが、寮長の秀島だ。

「絶対に勝負どころを間違えたらアカンぞ。流されたらアカン。自分の意志をしっかり持って、Ｊ１でもうひと皮むけて、もう一段レベルを上げてから行け。それぐらいの気迫がなかったらダメだ。Ｊ１は厳しいぞ」

海外に行くのは、Ｊ１でプレーしてから。今はその時ではない。秀島はこう諭《さと》したのだ。

それは２００９年12月26日のことだった。

移籍問題に結論が出たのは、２０１０年1月3日。強化部長の梶野智《さとし》から、私の携帯電話に連絡が入り、「真司が２０１０年もセレッソでプレーすることが決まった」と伝えられた。すぐにリリースをしようということになり、コメントを聞くため、そばにいた本人に代わってもらった。

「自分自身がレベルアップできると考え、今年もセレッソでプレーすることを決めました。海外に行くか、セレッソに残るかをずっと考えていて、サポーターの皆さんを長い間待たせてしまい申し訳なかったと思います。セレッソで頑張りますので、これからも応援よろしくお願いします。今年はＪ１で戦うことになりますが、優勝を狙《ねら》っていきたいです。険しい道だと思いますが、みんなで力を合わせて頑張ります」

悩み迷っていたころとは違い、電話から聞こえる声は晴れ晴れとしていた。「海外へ」の気持ちは、一時的に封印することになった。

南アフリカワールドカップ落選

香川の、セレッソでの最後のシーズンが始まった。セレッソにとっては、２００６年以来のＪ１リーグである。

開幕戦は、大宮アルディージャに0－3で完敗した。相手の出足の速さやプレッシングに苦しみ、持ち味を出せないままに終わった90分間。「これがJ1なのか」「もう少しできるかと思った」。試合後のミックスゾーンは、重苦しい雰囲気に包まれた。

香川も同じだった。相手の厳しいマークに、思うようなプレーをさせてもらえなかったのだ。

「セカンドボールを奪われていたし、球際でも後手《ごて》にまわっていた。ポゼッションすることもできなかった。それが今の実力かもしれないが、すべてにおいて負けていた」

J1の洗礼を浴びた形だった。

開幕から4試合勝利がなく、香川のJ1初ゴール（第4節浦和レッズ戦）も勝利には結びつかなかった。チームの調子が上向いたのは、第7節の湘南ベルマーレ戦がきっかけだった。レヴィー・クルピ監督は、この試合からフォーメーションを、その後もベースとなっていく「4－2－3－1」に変更した。そして、3シャドーには、香川、乾に加えて、新加入の家《いえ》長《なが》昭博を起用した。これが当たった。

香川のPKで先制するも、終了間際に追いつかれるイヤな流れだったが、残りわずかの時間帯に、劇的な結末が訪れた。キャプテンの羽田が最後の力を振り絞って攻め上がり、出したパスに反応した香川が、ドリブルからシュート。得点ランキングトップに立つ5得点目が、うれしい決勝ゴールになった。

「自分のなかで一番大事な試合になったと思う。今日はやっていて楽しかった。今までは乾だけだったが、家長くんが入って、ドリブルで抜くこともできる。うまく連動してプレーできた」

とは、試合後のコメントだ。実は、家長の加入が決まったとき、香川はとても喜んでいた。

「ホントに家長くん、来るの? マジで? セレッソ、絶対強くなるわ。メッチャ楽しみや!」

事実、家長が攻撃の一角に入ってからのセレッソは、躍動感《やくどう》あふれるサッカーを展開し始めた。香川、乾、家長の2列目トリオと、1トップのアドリアーノが絡《から》む攻撃は、テクニックはもちろん、スピードの緩急も巧《たく》みで、見ていて楽しいのだ。香川が移籍したあとは、そこに清武弘嗣が入り、このスタイルは継承されていった。

2010年5月5日の鹿島アントラーズ戦。日本代表の岡田武史監督（当時）が視察に訪れたなかで、香川はすばらしいゴールを決めた。「あんな角度から決めたことがなかったので、驚きとうれしさが半分半分」と、珍しく自画自賛《じがじさん》した。乾のパスを受けると、左サイドからシュートコースを探るように中央にドリブルしたかと思うと、すばやく右足をふり抜いた。

試合後のメディアの注目は、「岡田監督へのアピールはできたと思うか？」ということだった。しかし、香川は「特に意識はしてなかったです」と、そっけなかった。それより、「自らのプレーの質を高めたい、もっともっとやれると思う、カラダ作りをして、コンディションを上げていきたい、ゴールに対するこだわりを持っているので、もっと精度を上げるように練習していく」。「もっと、もっと」を自らに言い聞かせるように話していた。

ワールドカップ南アフリカ大会のメンバー発表は、5月10日に予定されていた。「香川は、果たしてメンバー入りするのか？」と連日報道されており、練習グラウンドも次第にあわただしくなっていた。

Jリーグで絶好調の新鋭に期待が集まるのは当然だった。私たちスタッフも、もちろんメンバー入りを望んでいたし、そのための準備もしていた。前日の5月9日には、「セレッソ大阪からワールドカップメンバーが選出された場合、記者会見を行ないます」という「予告リリース」を配信し、記者会見の準備もしていた。

東京で行なわれる日本サッカー協会によるメンバー発表は14時からということで、正午ごろから多くのメディアの人たちが集まり始め、気の早い記者は、尾頭《おかしら》付きの鯛《たい》を準備していた。クラブハウスに到着した香川は、あまりの報道陣の多さに驚き、「もう発表されたの?」と聞いてきたほどだった。

固唾《かたず》を呑んで見守ったメンバー発表。しかし、香川は選出されなかった。本来なら、記者会見の予定は流れるはずだが、本人が、「自分の口でコメントする」と言ったため、急きょ囲み会見を行なった。

「悔しいです。ドキドキして待っていました。ワールドカップは98年から見ていて、日韓大会もドイツ大会も見ていて、普段見ていない人も熱狂してサッカーを見る、ビッグなイベント。あのピッチに立てることは幸せなこと。それが今回選ばれなかったのは、悔しい。あのピッチに立ちたかったです」

居並ぶカメラの前に立って、香川は淡々と話した。表情はいつもと変わらなかったが、無念さはひしひしと伝わってきた。

「チームメイトやスタッフのみんなが、『次もあるし、若いからもっともっと活躍できる』と声をかけてくれた。もうしょうがないことなので、切り替えていきたいと思います。気持ちをしっかり切り替えて、(次節の)神戸戦に向けてやっていかないと、チームにも迷惑がかかるし、自分のこれからもあるので、しっかり切り替えてやっていきたいと思います。サッカー選手である以上、もっともっと上でやれるよう頑張りたいと思います。世界で戦う上で、フィジカルの差はJ1でも感じました。もっと当たり負けしないような、世界で戦えるようなカラダ作りをこれから求められると思うし、ゴールへの意識を強くして、もっとゴールを狙える選手になりたいです」

今、読み返すと、コメントに込められた思いが伝わってくる。「自分のこれから」「もっと上で戦う」「世界で戦う」。将来を予感させるキーワードがちりばめられていた。

日本代表への思いを問われると、「初めて代表に選ばれたときから、充実していました。その分、今回選ばれなかったというのは、悔しさが強いです。でも、代表で自分が結果を残せたかというと、そうではなかった。代表の試合でのインパクトが足りなかったし、よそよそしいプレーをして、自分自身も納得できなかった。次の4年でもっともっといい選手になって、もっといいサッカーをしたいです。次は自分たちが中心になってできる大会だと思うので、もっといいサッカーをして頑張りたいと思います」。

バルセロナでプレーしたい

囲み会見の前に、私は1本の電話を受けた。香川のドルトムント移籍が決まった、という内容だった。正確には、前日の5月9日に合意しているので、いつ発表してもいい状況だと、知らされた。

「決まったことなら、早いほうがいいでしょう。明日で調整しましょう」

またもや記者会見である。翌日の朝、「記者会見のご案内」をリリースして、会場の準備を行なった。練習後に行なわれた会見には、香川がひとりで出席することになった。

「大丈夫？　ひとりでしゃべれる？」

「うん、大丈夫」

事前の打ち合わせはそれだけだった。緊張している様子はまったくない。というより、さあ会見という段になって、現れた香川の足元を見て唖然《あぜん》とした。素足にサンダル履きだったのだ。

「真司、それはないわ。靴下とシューズ履いてきて」

一瞬、きょとんとした表情を見せて、ロッカールームに引き返していった姿を思い出すと、今でも笑ってしまう。サッカー以外のことは、それほど頓着《とんちゃく》なかったのだ。

会見場には、前日を上回る数のメディアが集まっていた。会見が始まって、すぐに心配が杞憂《きゆう》だったことがわかった。香川は実に落ち着いて、理路整然《りろせいぜん》と受け答えをした。あふれる自信と、お世話になった人や応援してくれた人たちへの感謝、そしてポジティブな雰囲気に満ちた、いい記者会見だった。

らしいな、と思ったのは、「ブンデスリーガでの具体的な目標」を問われたときの答えだ。

「ブンデスが最終的な目標ではないので、まずはそのなかでゴールなり結果を残して、もっともっと上の舞台でプレーしたいという夢があるので、そういう意味では具体的な目標はないですが、1点でも多く取って結果を残していきたいなと思います」

まだドイツに渡っていないのに、そんな先のことを言うなんて……。さらに、最後の質問で「香川選手にとっての最終地点は?」と聞かれ、こう答えている。

「最終的には、スペインのバルセロナでプレーすることですが、まずはヨーロッパで結果を残さない限り認められない。もちろん道のりはとても大変だと思いますが、挑戦する価値はあるし、ホントに楽しみです」

数日後、香川はワールドカップ日本代表のサポートメンバーに選出され、出場できないものの大会中もチームに帯同することになった。5月15日のヴィッセル神戸戦が、セレッソでの最後の試合になることが決まった。別れの時は刻々《こくこく》と近づいていた。

フリーキックを置き土産に

「相手が神戸ということで、何か縁《えん》があるのかなと感じますし、自分は神戸で生まれて、神戸にお世話になったという気持ちが強い。セレッソ大阪とヴィッセル神戸との試合ということで、すばらしいプレーをして、結果を示すことが一番の恩返しだと思います」

偶然とはいえ、ラストマッチは香川にとって最高のカードになった。誰もが、「真司のために」との思いを胸に、この日に臨んだ。

早い時間帯に相手に先制されたが、前半のアディショナルタイムに播戸《ばんど》竜二がヘディングでゴールを落とし入れて同点にすると、その直後に見せ場はやってきた。4分目安の長いアディショナルタイムもほぼ尽きようかという時間帯で、セレッソはゴール正面のフリーキックを得た。キッカーは……なんと香川だった。

「フリーキックはプロ入り初、人生で初かもしれません」

狙いすましたボールは、左のサイドネットに突き刺さった。

「今まで、コーナーキックとかはあまり精度が高くなかったんですけど（笑）。今日は、みんながパワーをくれました。ゴールを決めた勢いで、バックスタンドに走っていきました。ホントはもうユニフォームを脱ぎたいぐらいうれしかったですけど、まだ前半だったから（笑）。でも、すっごいうれしかったです。泣きたいぐらいうれしかったですね。泣いてないですけど（笑）」

本人は否定したけれど、バックスタンドに向かって何度もガッツポーズを作った香川の顔は、少しゆがんで見えた。

主役の活躍、しかも直接フリーキックを決める驚きのゴールで、セレッソが勝利した。チームにとっても、ワールドカップの中断前の重要な試合。結果は2－1。スコア以上に相手を圧倒する内容だった。

レヴィー・クルピは、

「彼のような、人をわくわくさせるような才能を持った選手と仕事ができたということは、私にとって幸運だった。これだけの選手と仕事ができることはなかなかないと思います。彼はインターナショナルなレベルに絶対になれる素質《そしつ》、要素、すべてを兼ね備えています。さらにはセレッソの育成部門、スカウトを含めたスタッフの方々の優秀な仕事に対して、敬意を表したいと思います。そういった方々の仕事のおかげで、こういう才能が発掘されたと思います」

感激の面持《おもも》ちで〝教え子〟に賛辞《さんじ》を送った。

2010年の成績は、11試合出場、7得点。開幕直後はなかなか波に乗れなかったが、尻上がりによくなり、勝利に直結するゴールを重ねた。秀島の言うとおり、「J1でひと皮むけてから」を見事に体現《たいげん》していた。チームをJ1に復帰させた上に、チームが飛躍する足がかりをも作っての旅立ち。もう誰も止めるものはいなかった。試合後のスタジアムでは、壮《そう》行《こう》セレモニーが行なわれた。

BGMは、Mr.Childrenの「終わりなき旅」。本人の希望によるものだった。

「昨日もずっと聴いていて、それだけで泣きそうになって、こみ上げるものがありました」

テレビ局のフラッシュインタビューのときは、少し涙を見せた香川だが、セレモニーでは笑顔があふれた。

「セレッソ大阪に入って5年。こんなに早く海外に行けるとは思わなかったし、森島さんの背番号を受け継ぐとも思わなかったです。今があるのも、皆さんに支えられたからだと思い、感謝しています。

ドイツで結果を出して、もっともっと上に上がって、セレッソに恩返しできるように頑張ります。こういうの（挨拶《あいさつ》）は苦手ですが……（笑）。セレッソ大阪に来て5年、本当にありがとうございました」

こう挨拶をした香川に、サポーターからは、大きな拍手と横断幕《おうだんまく》でメッセージが伝えられた。

「頑張れシンジ！　セレッソを愛している限り、どこに行っても応援し続ける‼　大きくなって、またセレッソで……」

花束贈呈《ぞうてい》は母、広美さんと祖母の英子さん、そしてアンバサダーの森島だった。

「やっぱり両親に一番お世話になりましたし、おばあちゃんは、中学のときに何も知らない仙台にいっしょに来てくれて、サポートしてくれました。感謝しています。そのためにもこれからもっともっといい選手になりたいです」

鳴りやまないシンジコールのなか、スタジアムを一周し、サポーターに、セレッソに、大阪に別れを告げた。穏やかな笑みを浮かべて、香川は長居のピッチをあとにした。

ミックスゾーンでは、記者からの質問に、ひとつひとつじっくりと答えていた。

「将来はまたセレッソでプレーする、という思いはありますか?」

と問われたときは、

「本当に、セレッソは自分を育ててくれたチームなんですが、自分の夢はもっともっと高いところにある。それに関しては何も言えないですし、日本に帰ってくる気持ちはまだまだないです。2、3年で日本に帰ってくるわけにはいかないし、その覚悟で行きたいと思います。今日はホントにチームメイトが頑張ってくれたし、いいサッカーをしていた。もっといいチームになると思うので、応援してください」

さらに、

「今日、プレーしてみて、セレッソはあらためていいチームだと思いました。もっともっと上を目指せるだろうし、頑張ってほしいと思います。自分も90分出たかったけど(足がつって88分に清武弘嗣と途中交代)、それだけが残念です。まだまだですね、そこは課題です。でも、今日はやっていて楽しかったし、このチームでいっしょにプレーしたいのが本音なんですけど、今はもっと上の舞台でやれるチャンスがあるので……。セレッソはもっといいサッカーができるので、ドイツから応援したいと思います」

セレッソへの感謝や、愛着《あいちゃく》は確かにあったが、香川は前しか見ていなかった。

寮長の前で思わず泣いた

南アフリカで開催されたワールドカップが終わり、いったん大阪に戻った香川が、いよいよドイツに向けて出発する日がやってきた。

7月10日の早朝、私は、関西空港で香川を待っていた。出発の様子を取材したいというメディアに対応するためだった。そのころ、香川は寮に秀島を訪ねていた。

「朝、7時前ごろやったと思う。関空に行く前、お母さんと2人で香川くんが来た。玄関の前で、『行ってきます』と言うから、『頑張って来いよ』と声をかけたら、あの子は私に抱きついて泣いたんや。もう、大声を上げて泣いた。お母さんはびっくりしはってね。『あの子が泣くのなんて、小学校4年生のとき以来見ていません』と言っていた。私も驚いた」

いいときも悪いときも、苦しいときもうれしいときも、同じように見守り、励まし、時には叱《しか》ってくれた恩人のことを、香川は忘れていなかったのだ。

「男が泣くというのは、よっぽどのこと。なかなかしない。いろんなことがまじっているはずなんや。私はええことばっかり言うたわけやない。厳しいこともいっぱい言うた。でも、心を打たれるようなことが、何回か生じていたんだと思う。私と香川くんの間には、親子にはない何かがあったんやなあと。私も一瞬驚いたけど、ああ、この子は私のことをホントに慕《した》ってくれているんやと思うと、うれしかった」

今でも、帰国したら寮を訪れ、あのころのように秀島の作った「寮メシ」を食べ、いろいろな話をする。また秀島がアドバイスをすることも多い。

マンチェスター・ユナイテッドへの移籍が決まったときも、「きっと成功するから、頑張りや」と電話で励ました。渡英後に、「やはりマンチェスター・ユナイテッドはレベルが高い」と話した香川に対し、「お前な、レベル高いのは当たり前やないか。でも、同じ人間がやってるんや、お前やったらできるはずや。努力したらできるはずや、頑張れ！」と活《かつ》を入れた。

「香川くんは、『わかりました』と言った。そして、ちゃんとクリアしたわけや。すばらしい動きをしているといわれるけど、あれは持っているものじゃなくて努力で築き上げたもの。努力することは、技術者にとって必要なこと。特に壁に当たったとき、スランプに陥《おちい》ったときには、努力すべきなんです。それができずに投げやりになったら、それで終わる。技術者には大変なことがいっぱいあるんです。でも、努力すれば乗り越えられる、そういうふうになっている。私はその体験を香川くんに話してきた」

別れの日

秀島に別れの挨拶を済ませ、関空に着いた香川を多くのメディアと、ファン、サポーターたちが待っていた。「ドイツで、世界で、輝け、香川真司」の幕も掲げられていた。搭乗手続きを済ませ、囲み取材をして、サポーターにも声をかけ、笑顔で手を振りながら、出国ゲートに入っていった香川に、私は何も声をかけていないことに気づいた。かけた言葉は、「元気で。じゃね」という、いつもの遠征に送り出すような、気軽なものだけ。香川も「はいはい」と、明後日には帰ってくるような返事。あまりにもあっけない旅立ちだった。

私は、その日のブログに「旅立ちの朝」と題してこう綴《つづ》った。

すべての人がシンジの味方だった日本と違って、ドイツではたぶん厳しいこと、慣れないこと、ありえないことが待っていると思う。

でも、今までも見えないところでコツコツ努力を積み上げてきたのだから、大丈夫。向こうでも助けてくれる人に恵まれて、努力したことが報われますように！

プレーヤー・香川真司をずっと応援しています。

清武へ贈った言葉

今、読み返してみると、半分当たっていて、半分ははずれている。ドイツでも、彼は天賦《てんぷ》の才能を発揮し、多くの「味方」を引き寄せていたからだ。もちろん、「努力する」というベースの生き方は、変わらなかった。そして、見事に結果を出し、成功者になった。

ヨーロッパに渡ってからも、香川は何度か長居スタジアムに帰ってきた。

2011年の冬、負傷のため日本に帰国してリハビリをしていたとき、長居スタジアムにセレッソの練習試合を観戦に訪れていた。まだプレーできないもどかしさを口にしていたが、後輩の清武といっしょに、スタンドに座り、楽しそうに観戦していた。

もう1回は、2012年6月30日のことだ。ドイツ・ニュルンベルクに移籍が決まった清武のラストマッチ（浦和レッズ戦）に招かれたのだ。「壮行セレモニーに花束贈呈のプレゼンターとして登場してほしい」というオファーを快諾《かいだく》、アンバサダーの森島とともに、試合後のピッチに立った。

「今日のラストマッチは、キヨにとって不本意で納得がいかなかったかもしれないけれど、悔しさは次の舞台で晴らしてほしい。ヨーロッパというすばらしい舞台で、思い切り活躍してほしい。もちろん、セレッソのことも忘れないで。ブンデスでも、キヨのプレーで日本中、世界中を驚かせてほしいと思います。これからも、お互いに世界の舞台で頑張りましょう」

マンチェスター・ユナイテッドへの移籍が決まったばかりというタイミングのせいだろうか。この日のために整えた黒のスーツを身にまとった香川は、オーラに包まれて見えた。世界に羽《は》ばたこうとする選手を、先にチームを巣立ち、大いなる結果を残した先輩が激励《げきれい》する。

マンチェスター・ユナイテッド戦後、セレッソの選手たちと香川。(写真:YUTAKA/アフロスポーツ)

スタンドを埋めた36723人のファン、サポーターにとって、幸せなひとときだったに違いない。モリシコール、シンジコール、キヨタケコールが繰り返しスタジアムに鳴り響《ひび》いた。それは、背番号8をつけた選手たちの競演でもあった。

セレッソ大阪×マンチェスター・ユナイテッド

2013年、香川はマンチェスター・ユナイテッドの一員として大阪に凱旋した。7月26日、大阪長居スタジアムでの「マンチェスター・ユナイテッドツアー2013 PRESENTED BY AON　ヤンマープレミアムカップ　セレッソ大阪vsマンチェスター・

ユナイテッド」に出場するためだ。

チケットは早々に完売し、当日は44856人がスタンドを埋めた。セレッソのサポーターたちは、いつもと違う興奮を感じただろう。相手は、プレミアリーグの強豪、マンチェスター・ユナイテッド。世界屈指のビッグクラブが自分たちのホームにやってくる。その中心には、香川真司がいる……。

「WELCOME MAN UTD」の横断幕で相手チームを心から歓迎し、「夢の実現をありがとう」と試合をスポンサードしたヤンマーへの感謝の気持ちも忘れなかった。そして、久しぶりのシンジコールが長居の空に響き渡った。こんな形で、また「カガワシンジ」をコールできるなんて、聞くことができるなんて、3年前には夢にも思っていなかっただろう。

試合も、見どころ満載《まんさい》の好ゲームだった。先制はセレッソ。18歳の新鋭、南野拓実《みなみのたくみ》の鋭いプレスからボールを奪い、最後は杉本健勇《けんゆう》がシュート。後輩たちの活躍に、香川も黙っていられなかった。ロビン・ファン・ペルシからPKのキッカーを譲られるも、GKキム・ジンヒョンにストップされると、その直後に、DFとGK、2人の股間《こかん》を抜くシュートを決めて同点に。スタジアムの興奮は最高潮に達した。

さらに見せ場は続いた。この日抜群のキレを見せた南野の豪快なシュートで再びセレッソがリードすると、スタジアムは再び沸騰《ふっとう》。終了間際にザハにゴールを許して、勝利こそ逃したが、一瞬も目が離せないすばらしい90分間だった。

「最高の試合だった。イベントとしても最高だった」と、話したレヴィー・クルピも、このプレシーズンマッチを心から楽しんでいたひとりだ。

「幸せでしたね。ひとつのサイクルというか、シンジはセレッソでプロ選手のキャリアをスタートして、また長居スタジアムに帰ってきた。ハーフタイムに、彼は私にユニフォームをプレゼントしてくれました。ああいう形で気持ちを表してくれて、本当にうれしいです。『AZUKI』（ブラジルでレヴィー・クルピが経営する日本料理店）に飾ろうと思っています（笑）」

最高の形で「古巣」への凱旋を果たした香川も、充実感でいっぱいだった。3年前、「もっともっと大きくなって、セレッソに恩返しできるように頑張ります」と宣言した同じ場所で、鮮やかに「恩返し」を実現してみせたのだから。

「本当にたくさんのサポーターのなかで、ここ長居をホームで戦っていた自分には、ホームに帰ってきたような感じで、楽しみにしていたこの試合で成長した姿を見せられてよかったです。そして、試合に使ってもらって感謝の思いです。こうやってまたセレッソとプレーさせていただいて、セレッソのみんなとまたいっしょにプレーができたのでうれしかったです。サッカー人生のひとつの歴史になったというか、誇りに思います」

ロッカールームに引き上げてからも、香川は、両チームのロッカールームを行き来して、「国際交流」に努めていた。サインをもらってきたり、ユニフォームを交換したり、写真撮影に応じたり。ワールドクラスの選手たちと普通にコミュニケーションを取る香川の姿は、セレッソの選手たちにまぶしく映っただろう。

レヴィーは2年目の苦闘を予言していた

長居でのプレシーズンマッチのあと、香川はチームに再合流せずに、自主トレーニングすることを許された。セレッソ大阪のトレーニングに加わる形で、4日間、舞洲グラウンドで汗を流した。

トップチームの若手選手はもちろん、すぐ隣のピッチでボールを蹴るU－18の選手たち、それ以外のカテゴリーの育成の選手にも、この上ない刺激になったはずだ。香川の姿を見た彼らのなかから、次の「香川真司」が出てくる可能性は十分にある。「努力すれば夢はかなえることができる」。それを体現した最高のお手本を、目の当たりにすることができたのだから。

香川は、今新しい戦いに挑んでいる。マンチェスター・ユナイテッドで2シーズン目に入り、状況は大きく変わったからだ。

「今シーズン、シンジはマンチェスターではちょっと苦しいんじゃないかと思う。マンチェスターは技術がある選手が揃ったチームとはいえず、監督が代わって、今は技術よりもどちらかというと、フィジカルを重視している。シンジにとってはきつい状況だといえます」

と言うのはレヴィー・クルピだ。本人はいつかバルセロナでプレーしたいと希望している、と話すと、

「私も、バルセロナでプレーしているシンジをすごく見たいです。そのほうが彼のためにはいいと思う。メッシ、真司、ネイマール……フフフ。楽しみですね。彼がそういう夢を持っているなら、ぜひ実現してほしい。彼ならできると思う」

秀島はこんな予言している。

「あの子はね、3年ぐらいしたら、ヨーロッパの主役になる。きっとなる。それぐらいの要素は持っているよ」。そして、「そんな子と出会えたことは、自分の運の強さ。香川くんみた

いな選手はもう、出てこないかもしれないいな。それに近い選手は出てくるかもわからんけど、ね」。

「しんどいと思うけれど、走り続けてほしい」小菊昭雄

小菊は、香川の「夢」を信じている。

「ずっと目標にしてきた、『バルセロナでプレーする』ということを実現してほしいと思いますね。今までも、『すごいなぁ』という感じで聞いてきたけど、実際、本気で夢を追いかけている真司はすごいなって、最近思うんです。あいつは本気やったんです。もしかしたら、周りからは笑われてきたかもしれないですけど、真司のなかでは本気。『見とけよ』ってずっと思っていたと思う。ぜひ、あ

選手からの信頼を集める小菊昭雄。

の場所でプレーしてもらいたいです」

そして、こんな願いも持っている。

「真司が大切にしている、大好きな子供たちのために、長くプレーしてほしい。日本代表で、ワールドカップで……というのもあるけれど、真司にお願いしたいのは、最終目標であるバルサに向かって頑張ってほしいということと、40歳、45歳になっても、カズさんが今そうであるように、しんどいと思うけれど、走り続けてほしいということ。もしかしたら、不細工《ぶさいく》に映るかもしれないけど、**夢に向かって頑張っている姿、何かを伝えるために精一杯やっている姿は絶対に心に響く。子供だけじゃなくて、みんなに響くんです。できるのは、そういう過程を踏んできた人間だけ。いいときばかりじゃなくて、苦しくなってもやり続けて、走り続けている姿を、見せ続けてほしいなというのが僕の願いです」**

●

ずっと気になっていたことがあった。「結局、J2で3年間もプレーした。そのことに対して悔いはないの?」。ドルトムント時代に、「もう少し早く、3年ぐらい早い時期に、今の状況にいたかった」と話していたのを聞いたからだ。

「考え方は変わっていくというのもあるかもしれないけど、J2でプレーしていた当時は、

Ｊ１でやりたいと思ったことはありました。でも、日本代表や世代別の代表なんかに入ると、Ｊ１が目標ではないというか、世界でプレーすることが自分の目標なんだなっていうことに気づき出して、今は試合に出続け、結果を残し続けることが、たとえＪ２であっても、大事だったんじゃないかなって、思いますね」

試合に出られず、ひたすら激しいトレーニングに打ち込んだ1年目。Ｊ２の厳しい環境で、黙々とツメを研ぎ、技に磨きをかけた3年間。旅立つ前に、勝利という置き土産を残した半年間。チームを去った今も、大きな影響を与え、クラブに有形無形《ゆうけいむけい》の恩恵をもたらしている。

香川真司。そのたぐい稀な能力には、敬服するしかない。本人が、「天才ではない」と言うなら、「努力する天才」ということで、どうだろうか。

第2章

大阪発欧州行き

―乾貴士と清武弘嗣―

今も「ウチの子」　乾貴士

ここ数年、ブンデスリーガが休暇に入ると、セレッソ大阪の練習グラウンドには、決まって「謎の練習生」が出没する。２０１３年の夏も、もちろん現れた。

小柄だが、卓抜《たくばつ》したテクニックを持っている。甲高い声で元チームメイトたちと話し、ボールとじゃれ合う。乾貴士だ。

遠目からでも、はっきりわかるボールタッチの繊細さは変わらない。ただ、セレッソに在籍していたころよりも、ひとつひとつのプレーがブラッシュアップされ、よりスケールの大きな選手になった気がする。

チームのトレーニングに一部合流する形で汗を流し、舞洲のクラブハウスに戻ってきたところでインタビューをすることになった。「ほとんど毎日グラウンドに来てるから、いつでもエエで」と、人懐《ひとなつ》っこい関西弁も以前のままだ。

真司の穴埋め

乾がセレッソにやってきたのは、2008年6月18日。滋賀県の野洲《やす》高校を卒業して、2007年に横浜F・マリノスに加入し、プロ2年目のことだった。

「マリノスで2年目に入るときに、『移籍したい、どこでもいいから移籍したいです』と言ったんです。試合に出られず、しんどかったですね。練習していても楽しくなくて。クラブがいろいろ探してくれて、オファーが来たのがセレッソだった。(柿谷)曜一朗がいたし、真司もいた。ポジション的にかぶっている選手がいっぱいいたので、結構悩んだんです。梶野さん(智、セレッソ大阪強化部長)に言われたのは、『真司が代表に入り出したから、いないときの穴埋めという意味で、来てほしい』ということでした。『穴埋め』という形は気にならなかったですね。それでも、マリノスよりはチャンスはあるかなと思った。曜一朗はひとつ下やし、真司は同《おな》い年。そういう選手といっしょにやれるほうが、頑張れるかなと」

J2でプレーすることにも抵抗はなかった。

「それでもよかった。セレッソのサッカーが好きやったし、J2の試合も結構見ていたから。

試合に出られるなら、何でも。当時のJ2はレベルは低かったと思うけど。両親は、反対していましたね。『せっかく自分で決めた道を1年半で変えるな！　セレッソには行くな』と言われました。『頑張って（横浜F・マリノスに）残れ！』って言われた気がします」

移籍が決まると、すぐに大阪に向かいたくなった。

「あのときはね、解放された感じでしたね。早く行きたくて。引越しのために友達が関西からわざわざ来てくれて、横浜に着いたら、普通はちょっとはゆっくりするじゃないですか？新横浜まで新幹線で3時間くらいかかって来ているのに……友達は滞在3時間くらいしかいなくて、荷物を積んで、大阪まで車で戻ったんです」

向かったのは、セレッソの選手寮。

「寮には、真司や山ちゃん（山下達也）もいた。仲がよかったのは、山ちゃんや曜一朗かな。楽しかったっすね」

セレッソでのデビューは、7月6日のサガン鳥栖戦、右サイドハーフとして先発出場した。のちにコンビを組むことになる香川は、左サイドハーフとして同じピッチに立った。結果は0－1と勝利はならなかったが、乾自身の動きは光った。ドリブルで今までにないリズムを作り出し、積極的にシュートも放った。

「期待していた以上の非常にすばらしい持ち味を出してくれた」

レヴィー・クルピの評価も上々、新天地でまずまずのスタートを切った。

初ゴールはその3日後の7月9日、相手はモンテディオ山形。47分、香川のパスを受け、ゴールに流し込んだ。

「真司がいいボールをくれた。あとは合わせるだけだった」

記念すべきプロ初ゴールをあげると、その試合ではアシストも記録、自信が生まれた。

結局、以降の全試合に出場、ほとんどの試合で90分間プレー。レギュラーの座をがっちりつかんだ。リーグ終盤の第40節（10月19日）のサガン鳥栖戦では、乾と香川が2点ずつ取り合い、お互いを1アシストずつし合う息の合ったところを見せた。

「**真司といっしょにプレーするのは、やりやすかったなぁ。サッカーが楽しくなった。感覚的なものがいっしょでしたね。描いている絵というか、そういうのがいっしょやった。俺が出したいと思ったときにいいところにいてくれるし、ここでほしいというときに出してくれる。そういうのが一番かな。面白かったっすね。**でも、1年目は（4位で）昇格できなかった」

1試合4ゴールを2回記録

セレッソでの2年目に完全移籍を果たし、背番号は「31」から「7」へと軽くなった。Jリーグが開幕する前の1月には、日本代表にも初めて招集された。セレッソでの、半年間の活躍が評価されてのことだったが、本人はまったく予想していなかった。

「本当に入っていいのかな、というのが一番にありました。自分はまだJ2だし、同じJ2でも16点取っている真司みたいな活躍をしていたらいいけど、何もしていないから。驚いています。自分の力だけではなく、セレッソやマリノスで支えてもらった皆さんのおかげです。ただ、選んでもらったからには、自分がどこまで通用するか試したいし、とにかくがむしゃらに全力で頑張ります。攻撃面を評価してもらったと思うので、代表でも、いつもセレッソで真司とやっているように、スピードをいかして積極的に動いていきたいと思います」

香川とともに、AFCアジアカップ2011最終予選（1月10日～20日）に参加したことで、この年はほとんどオフは取れなかった。しかし、休みがないのは一向《いっこう》に苦にならないと、乾は言う。それは、ヨーロッパに渡った今でも同じだ。2013年、コンフェデレーションズカップを終えて帰国した日に、セレッソのグラウンドに現れたのには驚いたが……。

「練習は好きっすよ。カラダをいったん休めて、一気にバンってコンディションを上げるのがイヤ、そのあとでしんどくなるのがイヤなんです。だから休みたくない。まあ、でも単純にサッカーやりたいだけ、かな（笑）」

２００９年の乾は、シーズンの最初から最後まで主力選手としてプレー。ブラジル人のカイオが1トップを務め、乾と香川の2シャドーという攻撃トリオが大暴れした。

鮮烈だったのは、2回も1試合で4ゴールしたこと。1度目は、5月23日のアビスパ福岡戦だった。前半、香川のパスから1点目をあげると、後半に入って71分、77分、79分と立て続けにゴールをあげた。そのうち2点は香川のアシストによるものだった。

「1試合で4ゴールあげるのは、Jリーグのなかでも、世界のどの国に行っても、かなり難しいこと。そういう意味では本当にすばらしい活躍をしたと思います。彼の持ち味のひとつは、今日のゴールシーンにもあったように、オフサイドラインをうまく抜けるところ。その持ち味が今日すべてのゴールにつながった。今日は『乾の日』『乾デー』というぐらいの活躍だった。これからも1日でも多く、乾デーと呼べる日が来ることを祈っています」

レヴィー・クルピはこうほめちぎった。

「4得点なんて人生で初めて。奇跡です」と喜ぶ乾に対し、香川は、「ふざけんなって感じですかね。冗談ですけど（笑）」と、悔しさをにじませていた。

もっとも、乾に言わせると、

「真司は常にコンスタントに点を取っていた。俺は4点が2回。取れるときは爆発的に取る。でも、真司のほうがいいよね、絶対に。意識はしてたなぁ、負けたくないとは思っていた。負けてましたけどね」

4点を取った乾に、「おめでとう」と声をかけたときのことだ。「どうせ、真司はすぐ取るやろ。どうせ、また抜かされる」と返されたのを覚えている。しかし、意識していたのは、乾のほうだけではなかった。香川はこう当時を振り返る。「あのときは、お互い点を取り合っていたから、負けたくなかったし、アイツが点を取ってもうれしくなかった。お互いそうだったんじゃない？　口には出さないけど、負けたくなかったですよ。間違いないでしょ。それは」

選手たちを近くで見ていたコーチの小菊昭雄もこう話す。

「真司はああいう性格だから、表には出さないけど、乾のことも、曜一朗のこともすごくリスペクトしているし、意識しています。アイツはプライドが高くて負けていないと思っているから、絶対に口には出さないですけどね。話をしていたら感じます」

一度、私はとんでもない失敗をしたことがある。試合に勝ち、広報としてヒーローインタビューに指名された乾と香川を呼びに、ピッチに入ったときだ。テレビ局からのリクエストは、「乾選手と香川選手の2人で。順番もこの順でお願いします」。選手の輪に近づき、まず、乾を発見。次は香川……と考えながら、乾を呼ぶために声をかけたつもりが、口から出たのは「シンジ！」だった。しまった、聞こえてなかったかな？　と思った瞬間、乾がくるりと振り返って、

「今、真司、って言ったやろ？　それ、最低やで」

ごめん、ごめん、とすぐに謝ったが、「なんで真司と間違えるの⁉」と、乾はしばらくご機嫌斜めだった。ライバルとしてそんなに強く意識しているとは知らなかったのだ。悪いことをしたな、と思う。

当時よく聞かれたのは、「香川選手と乾選手は仲がいいのですか？」ということだった。

「うーん、悪くはないと思うけど」と答えることが多かったが、実際のところはどうだったのか？　何となく、距離があった気がするのだが……。あらためて乾に訊ねると、

「距離はあった。ただ全然嫌いじゃなかったし、2人でしゃべることも多かった。俺がちょ

ピッチで抜群のコンビを見せた香川（左）と乾（7番）。

っと遠慮していた。やっぱ、俺のなかではセレッソは真司のチームっていうのがあったから。今は、メチャメチャしゃべります。日本代表で、ランニングしているときとかに」

内に秘めた競う気持ち、微妙な感情とは別に、プレーの相性はすこぶるよかった。香川が代表に招集され、チームを離れる期間が長かったにもかかわらず、2人のコンビネーションは、どんどん磨かれていった。

そして、J1昇格圏内を確定させたザスパ草津戦を迎えた。乾は、この試合でも4得点のゴールラッシュを披露した。開始1分で先制ゴールを叩き込むと、香川が交代出場した後半には、さらに3ゴールをあげて、勝利の、そして昇格の立役者になった。

「4得点はまぐれ。奇跡です」と謙遜《けんそん》したあと、「真司の存在はデカイ。近くにいるだけで違う」とコメント。同時に、レヴィー・クルピ監督に、ミーティングで「乾は点が取れていない」と言われて悔しかった、とも打ち明けた。

2007年、2008年、そして2009年。長かったJ2時代はようやく終わろうとしていた。「そこまではよかったんですよね。そのあとがアカンかった」。最終節、サガン鳥栖戦のことである。ベガルタ仙台との勝ち点差は1、勝てば優勝の可能性を残していた。前半の早い時間帯に船山祐二のゴールでリードし、1－0のまま終盤に入っていた。が、乾は72分、73分と立て続けに2回の警告を受け、退場してしまう。理由は遅延行為と異議《いぎ》だった。1人少なくなったセレッソは、相手の猛攻を受けて、ロスタイムに2失点。痛恨の逆転負けを喫した。優勝は、ベガルタ仙台にさらわれた。

翌日に行なわれたファン感謝イベントでは、顔を合わせた人たちに、乾は平謝《ひらあやま》りしてまわった。「自分のせいで優勝できなかった」という思いは、今も心にひっかかっているという。

プロ4年目でのJ1初ゴール

ともあれ、セレッソはJ1に戻ることができた。乾にとっても、J1の舞台での再挑戦である。盟友《めいゆう》の香川はドルトムントへの移籍が決まり、5月でチームを離れたが、中盤には新しいタレントが加入していた。大分トリニータから移籍してきた、家長昭博と清武弘嗣だ。

「面白かったっすね。楽しかった。家長くんもキヨもポテンシャルが高かったし、力は代表レベルだった。一番点を取っていた選手やから、真司が抜けて戦力的には厳しくなったかもしれないけど、サッカー自体はよくなっていた。俺と家長くん、キヨの3人が連携して、しっかりできていたんじゃないかな。いいサッカーができていたなと思います。（FWの）アドリアーノがもう少し早くキレキレになってくれればよかったけれど（笑）、そうしたら、もっと上まで行っていたんじゃないかな。優勝していたかも、って思う」

しかし、開幕当初は、なかなか勝てずに苦しんだ。また、香川が移籍した直後のナビスコカップ予選リーグはついに1勝もあげられずに終わった。乾は、勝てないイライラからスタンドからの声に反応し、サポーターと口論《こうろん》になったこともあった。

「カッとなると抑えられなくて……あのときはいろんな人に怒られた」

そのナビスコカップでは、のちに左サイドバックの主戦になる、セレッソの育成出身で2年目の丸橋祐介が途中出場して、プロ初ゴールをあげている。レヴィー・クルピ監督は、「何人かの若い選手を見極めることができた。一番よかったと思うのはマル（丸橋）です」と、当時インタビューで話していた。このころから、育成の選手の台頭は始まっていた。乾が、一番大きかったと振り返るのは、ワールドカップ明けの最初の試合、サンフレッチェ広島戦だという。負傷していた清武とアドリアーノが復帰し、乾と家長も揃って出場した。また、左サイドバックには、丸橋が起用された。家長のセレッソでの初ゴールを皮切りに、後半だけで5得点の猛攻を見せて、圧勝した。

乾自身がJ1初ゴールを決めたのは、その2試合後のモンテディオ山形戦、アシストしたのは清武だった。

「早く取らないといけないと思って、イライラしていたのがプレーにも出ていた。最近の試合では一番よかった。やっと取れた。家長くんもキヨもやりやすい。真司が入ったときのほうがいいと思うこともあるけど、キヨが入ったときのほうが、リズムがいいと感じるときもある。キヨは真司に負けていないものを持っている。家長くんを含めて尊敬しているし、どんどん見習っていきたい。この3人でサッカーをやれているので楽しい」

この日の乾は饒舌《じょうぜつ》だった。横浜F・マリノス時代を入れると、プロ4年目。待ちに待ったゴールであった。喜びは自身のゴールにとどまらなかった。清武もセレッソでの初ゴールを決めた。

「ゴールは狙いどおりだった。乾くんが得点を取ったとき、自分が決めたくらいうれしかったし、自分もチャンスがあれば取りたいと思っていたので、取れて本当によかった」（清武）

チームの大黒柱であった香川が移籍し、その「穴」が指摘され続けていたなかでの快勝。しかし、レヴィー・クルピは慎重かつ厳しかった。

「乾、清武、アキ（家長）、アドリアーノの4人が自分の持ち味をしっかりと出してくれた。それは今日のゲームが初めてだった。これからも4人のトータルの力で、チームの得点王であった香川真司の穴を埋めていかなければならない。乾を含めて前の選手たちに常に言っているのは、ボールをつなぐだけで終わるな、もっと得点にこだわれ、ということ。アキ、乾、清武そして香川真司、この4人は非常によく似た特徴を持っているが、シンジだけが持っていた大きな特徴というのが、ゴールにこだわり、ゴールを決めるという部分。乾と清武は今日、ゴールを決めた。アキはゴールにつながるパス2本を出した。このようにいかにゴールという結果につながる仕事ができるか、これにこだわっていくことが彼らには必要だと思います」

レヴィー・クルピは、ことあるごとに香川を引き合いに出して、乾たちにハッパをかけた。

「『シンジは正しい道を歩んでいる』、あれはしょっちゅう言われた。キヨや家長くんといっしょに呼ばれてね。まあ、イヤといえばイヤでしたけど……。あとは、『ミスの回数が多すぎる』と『点を取れ』。めっちゃ言われたなぁ、サッカーに関しては頑固なおっちゃんでしたね。でも、レヴィーが使ってくれなかったら、俺なんて……なかったと思う」

リーグ過去最高位の3位に

2010年の後半戦がスタートするにあたり、指揮官は、新しい目標を設定した。「トップ3を目指す」、すなわちACL（AFCチャンピオンズリーグ）出場圏内を狙う、ということだった。

「ここまで、上位チームと戦ったなかで、鹿島アントラーズには勝利した（5月5日）し、他の試合でも勝る内容で戦えたと思う。夢になるのかもしれませんが、十分に実現可能だと考えています。目標を実現させる、という強い気持ちを持たなくてはいけない。我々にはそれだけレベルの高い選手たちが揃っている」（レヴィー・クルピ）

その期待に応えるような好ゲームは、夏以降、多く見られた。8月21日のアウェイでの鹿島アントラーズ戦もそのひとつである。アウェイでのタイトな日程のなかでの消耗《しょうもう》戦だったが、1－0の最少得点で勝ち切っている。決勝点をあげたのが、乾だった。右サイドで家長と高橋大輔によるパス交換からチャンスを作ると、裏に抜け出した乾が、センタリングと見せかけてニアをぶち抜いたのだ。

「俺は（最初から）シュートを打とうと決めていました」

敵地で1－0の勝利。これでセレッソは2位に躍り出た。

この年は、攻撃陣に注目が集まりがちだったが、ディフェンスの堅さもすばらしいものがあった。FC東京から新天地を求めてやってきた茂庭照幸《もにわてるゆき》、大分トリニータからの移籍組のひとり、上本大海《うえもとたいかい》のセンターバックコンビが、「伝説の2バック」を形成したのもこのシーズンだ。

終盤までACL圏を射程距離にとらえながら、迎えた最終節。舞台は、この年にオープンしたキンチョウスタジアムだった。レヴィー・クルピが、「圧力鍋《なべ》」と表現する球技専用のスタジアムは、サポーターとの距離が近く、ホームアドバンテージを発揮しやすいのが特徴だ。

前節までの順位は4位。首位の名古屋グランパスとは大きく差が開いていたが、2位・鹿島アントラーズ、3位・ガンバ大阪との勝点差はわずかに1。満員のサポーターの後押しを受けて、前半から選手たちは躍動した。乾は、絶妙な浮き球のパスでアドリアーノの1点目をアシスト。その後もゴールが生まれ続け、6－2でジュビロ磐田を圧倒した。

鹿島アントラーズが引き分けたことで、セレッソの3位が確定した。1シーズン制になってからは、史上最高順位であった。2010年12月4日、アジアへの扉を開いた記念すべき日。セレッソの歴史に新しい1ページが刻まれた。

「ACL出場を決めて、本当にいい年だったな。うれしかった」

こう振り返る乾にとって、翌シーズンはさらに大きな出来事が待っていた。

ドイツ2部・ボーフムへ移籍

「海外でプレーすることを考え始めたのは、高校のときからですね。プロになってからも、ずっと行きたいと思っていた。スペインが一番よかったですけどね……ドイツは視野になかった。真司がドルトムントに行ったあと、真司の試合を見るようになった。それで、よけいに海外に行きたくなりました」

２０１０年には、近い将来の移籍を見越して、乾はすでに代理人と契約していた。

「本当は、２０１０年のシーズンが終わった冬のタイミングで、行きたかったんです。家長くんと同じタイミングで（家長は、いったんガンバ大阪に復帰したのち、スペインリーグのマジョルカに移籍）。だけど、向こうのチームの都合で、話がなくなってしまった」

２０１１年、ＡＣＬとＪ１リーグが並行して行なわれるなか、乾の頭のなかに「海外移籍」は常にあった。

初めてのＡＣＬは、新鮮で貴重な経験の連続だった。ホーム・長居スタジアムでアレマ・インドネシア（インドネシア）から初勝利をあげたのに始まり、完全なアウェイで戦った中国・山東魯能戦、タフなフィジカル勝負を挑まれた韓国・全北現代モータース戦……乾は、グループリーグの６試合すべてに先発出場、計４得点をあげる活躍をした。そして、ガンバ大阪と激突したラウンド16にも先発。セレッソは、88分に高橋があげたゴールにより、劇的な勝利をおさめ、ベスト８入りを果たした。

ほどなくして、乾のもとには、ブンデスリーガ2部のボーフムからのオファーが届いた。

「迷いましたよ。めっちゃ。1カ月ぐらいかな、迷っていたのは。行くのはやめようって思ったこともありました。あと半年待ってからでもいいか、もう少し待ってみようかって。いろんな人に相談していたら、『こんなチャンスは、次にいつ来るかわからない』『そこで認められれば、すぐ1部のチームに行ける』ということになった。真司にはあまり話はしなかったかな。ただ、ボーフムからオファーが来たときは聞いてみました。真司が『ボーフムやったら絶対出られるわ』って言っていたのは覚えています」

7月28日、ボーフムへの完全移籍が発表された。

「本当に熱心に誘ってくれていましたし、唯一のオファーをくれたクラブだった。それが決め手でした。ドイツではたくさんの日本人選手がプレーしていることも、移籍を決めた理由のひとつです。今はまだ2部ですけれど、2部のなかでは本当に強いクラブだと思います。ステップアップとはあまり言いたくはないのですが、まずはボーフムを2部から1部に上げたいというのが自分のなかの目標です。まずはそこをしっかりと頑張っていきたいと思います」

移籍の理由をこんなふうに語った乾。セレッソへの思いもまた強かった。

最後の挨拶では思わず涙が。

「正直いって、寂しい気持ちは少しあります。セレッソはいいチームだし、チームのみんなはすごく仲がいい。このままセレッソに残ってプレーするという選択肢《せんたくし》もありました。でも、**やっぱり海外で成長したいという思いが強かった。だから、移籍を決意しました。セレッソは、マリノスで試合に出られず苦しんでいた自分を呼んでくれたチームで、助けてもらったという感謝の気持ちでいっぱいです。**サッカーをやっているなかで一番成長できました。プレースタイルがここでできたと思います。この3年間は最高でした。思い出はいっぱいあって、これが一番というのは決められないです。毎日楽しかった。つらいときもありましたけど、本当に楽しかった。大好きなチームなので、ドイツに行ってもセレッソのことはチェックします。監督、コーチには本当にお世話になりましたし、チームメイトにも、何度も助けてもらいました。感謝しています。セレッソが一番好きなので、もっと成長して、違う形で恩返しができればと思います」

セレッソでの最後の試合は、7月31日の鹿島アントラーズ戦。いかにも乾らしい、と言うと叱られそうだが、そんな内容の試合になった。28000人以上の観客が見守るなか、乾は軽快なボールタッチから先制点を落とし入れた。しかし、そのあとがいけなかった。ミスから同点にされ、さらに逆転を許したあとの、キム・ボギョンが得たペナルティー・キックのシーン。1度は乾がボールをセットして蹴ろうとしたが、レヴィー・クルピはキム・ボギョンをキッカーに指名した。不満を露にした乾のすぐ脇《わき》で、キム・ボギョンはPKを失敗。結局、そのあとさらに1点を奪われ、1－3で敗れたのだ。試合後のセレモニーでは、涙でときおり声を詰まらせながら挨拶をした。

「応援ありがとうございました。たくさんの皆さんと最高の雰囲気のなかで試合ができたのに……負けてしまい、すみませんでした。セレッソでの3年間、自分のせいでJ2優勝を逃したり……大事な試合で点を取れなかったりいろいろありました。**最高の3年間を過ごさせていただきました。もっと成長するために、ボーフムに行きます。**チームは変わりますが、これからも応援よろしくお願いします」

不器用で口下手で、でもどこか憎めないところがあって素直で。そんな乾に、サポーターから温かい拍手が送られた。

ボーフムは、香川が所属していたドルトムントとは至近の街。乾は、かつての相棒のあとを追う形で、ドイツへ旅立った。

またセレッソのユニフォームを着たい

ひとシーズンをボーフムで過ごしたのち、2012-13シーズンからは、1部のフランクフルトに移籍した。ステップアップは順調のようだ。

「どうかなぁ、昨シーズンはもっと活躍したかったです。ここからだな。今年は頑張らなアカンなと思っています。チームでも、日本代表でも。ワールドカップにひとりでも多くのセレッソ出身のメンバーが入れば、サポーターは喜ぶと思うしね。真司とキヨはほぼ決まりやろうから、あとは曜一朗、(山口)螢、家長くん、俺、タカ(扇原《おうぎはら》貴宏)。その辺が入っていけるか、これから注目されるやろうなぁと思います。セレッソではあまり曜一朗といっしょにプレーできなかったから、もっとやりたかったな、と思います。代表で？　そうですね、やれたらいいなぁ」

　今年の夏のオフも、ほとんど毎日セレッソのクラブハウスに来ていた「謎の練習生」は、まるで、我が家にいるようにふるまっていた。あまりにも自然になじんでいるので、移籍したことを忘れてしまうほどだ。

「セレッソに来たら、なんか落ち着く。楽しいです。監督のせいかな。レヴィーはサッカーのとき以外は、ニコニコしてフレンドリーないい人。いつ帰ってきても歓迎してくれるから、来やすいんです。あ、でもセルジオ（・ソアレス前監督）のときも、普通に来てたよな。もう、ここの選手ってことでいいんじゃないですか（笑）」

　インタビューをしている最中、セレッソの女性スタッフがコーヒーを運んできてサーブしてくれたのだが、その順番は幻冬舎の編集者、乾、そしてインタビュアーである私。本来なら、インタビュー対象である乾が一番目でもよかったのだが、スタッフにとっても、彼は「お客様」ではなく、まだ「ウチの子」なのかもしれない。

　そういう私も、靴下のままロッカールームから出てきて、歩き回ろうとする乾を見て、「そんな格好でうろうろしたらダメやん、靴を履きなさい。危ないよ」と、つい前と同じように注意してしまっていたのだけれど。

今年完成したばかりの舞洲のクラブハウスのなかを見て回り、

「メッチャきれいやん、ええなあ、ズルイわ。俺がいなくなってからこんなに新しくなって」

と、愚痴《ぐち》る乾に、

「そんなに言うなら、帰っておいでよ」

そうまぜっかえすと、

「ハハハ、もうちょっとだけ、向こうで頑張らして。でも、Jリーグのチームに帰るなら、ここかな。ドイツで、キヨと2人で『もう帰ろうか?』って言ってたなぁ（笑）。俺は去年セレッソがJ2に落ちたら、帰ろうと思っていた。マジで。ずっと見てたもん。心配やったから。このメンバーでJ2はアカン。落ちたら、絶対にアカンって思っていました。いいメンバーがいるんだから、優勝を狙えるメンバーがいるんやから。ましてや、今はどこが優勝するかわからないし、チャンスはめちゃくちゃある。だからセレッソは落ちたらアカン、って。曜一朗や（藤本）康太には電話していましたね」

「お世話になった恩返しがしたい」。旅立ちのときの約束を、乾はもう果たしている気がした。「降格したら帰ろうと思った」という言葉を聞くだけで、胸が温かくなったからだ。

「3代目」背番号8　清武弘嗣

清武は、2010年に大分トリニータから完全移籍してきた。大分生まれで、U－15、U－18、そしてトップチームまで、トリニータ一筋。もちろん、初めての移籍だった。

忘れられないのは、大分の広報担当の方から送られてきたメールの文面だ。

「大分ユースの最高傑作《けっさく》といわれた選手です。『セレッソに行ったら、香川選手に追いつけ追い越せで頑張ってこい』と言って送り出しました。何卒、よろしくお願いします」

心を込めて育ててきた選手を手放さなければならない寂しさと、新天地での成長を願う気持ちが、痛いほど伝わってきた。セレッソでも大切に育てなければ、と心したことを思い出す。

「トリニータがああいう感じで、セレッソに来たときのいきさつはいろいろあったから」

2009年、大分トリニータはJ1リーグで17位となり、J2降格が決まった。上本、高橋、家長も清武とともに、セレッソに移った。

「オファーを聞いたときは、（大分に）残る気まんまんだったんです。でも、親が出たほうがいい、うまい選手のなかでやったほうがよくなるとアドバイスしてくれました。大分でも、家長さんたちうまい選手がいっぱいいて、高いレベルのなかでプレーできたことはプラスになったと感じていました。セレッソといえば、乾くんと真司くんのコンビが有名でしたし、家長さんもセレッソに行くって聞いて……なんかわからないけど、行く！って（笑）。（話を聞いてから）２時間ぐらいで決めていましたね。あのときは福岡に遊びに行っていて、大分に帰ってくる間に気持ちは決まっていた。僕、行きますって」

大阪にやってきたばかりの清武は、心細げに見えた。人見知りを自認《じにん》し、「大分を離れるのは寂しかった」と打ち明けたこともあった。

「初めて練習に行ったとき、真司くんと乾くんが、『いっしょに練習しよう』って言ってくれたんです。真司くんとはそれまでにも何回か会っていたんですけど、乾くんは初めてでした。でも、初めてじゃない感じで話しかけてくれた。２人とはすぐ慣れました。シャケ（酒《さけ》本憲幸《もとのりゆき》）さんとかも、仲良くしてくれましたし、真司くんがマルを紹介してくれて、最初のころはずーっとマルといっしょにいましたね。最初は緊張したけど、なじんだら早かったですね」

清武の獲得は、香川が夏に海外移籍するかもしれない、ということを見越してのことだった。

「最初は、試合に出られなかったんです。9人くらい新加入選手がいて、僕と家長くんだけが出られなくて、あとはスタメンだった。真司くんと乾くんがいるから、最初は厳しいだろうなっていう思いはありました。まずは、みんなのいいところを盗んでいこうという気持ちで、モチベーションは高かったです。ただ、家長くんが出られないというのは予想外でした。で、夏に真司くんが移籍することになって、自分が『香川2世』とか『後釜《あとがま》』みたいに書かれて。そのときは、気にしていましたね。真司くんが、あれだけ結果を残していましたから」

香川のセレッソでの最後の試合、5月15日のヴィッセル神戸戦で、清武は香川と交代する形で途中出場している。

レヴィー・クルピ監督は、

「ワールドカップ以降、後半戦は、シンジの代わりにおそらく清武がプレーすることになると思います。清武もシンジに負けない、劣らない、若くして非常に高い技術を持った選手なので、チームの総合力は決して落ちるものではないと思っています。シンジほどの決定力の

YANMAR
8
SANYU

ある選手の代わりをするというのは本当に難しいと思いますが、彼には絶対にその能力とチャンスはあると思います」

と、記者会見の席上で〝香川の後継指名〟をした。香川の口からも、同じことが語られた。

「キヨは自分がいなくなったら試合に出てくると思います。アイツは『重い』って言ってますけど、気にすることはない。大分でも出ていたし、もっといいサッカーができる。頑張ってほしいと思います」

パスセンスは抜群で、シュートもうまい。能力に疑いはなかった。乾や家長らとのコミュニケーションもうまく取れていたことで、チャンスはすぐにやってきた。5月22日のヤマザキナビスコカップ予選リーグの京都サンガF.C.戦で先発。しかし、右足首を負傷（靭帯損《じんたいそん》傷《しょう》）し、前半で交代してしまった。全治3週間の重傷《じゅうしょう》だった。

「ふざけんなーと思いましたね（笑）」

清武のショックは大きかった。レヴィー・クルピも落胆《らくたん》を隠さなかった。

「今後のナビスコカップでも、清武はできればずっと使いたかった。残念ながら前半途中で交代となってしまい、試合の結果にも響いたと思います。清武をチームに溶け込ませたいと思っていただけに残念です。ケガをしてしまった現在、チームとして他の形をさぐりながら戦っていく必要があると思います」

最初は、ただ悲嘆《ひたん》に暮れていた清武だが、戦線離脱したあとは、かえって気持ちは吹っ切れたという。

「『香川の代わり』という言葉に負けたんです。サポーターの方に『頑張ってください』と言われることさえ、プレッシャーになっていた。でも、考え方は少しずつ変わってきました。真司くんは真司くん、僕は僕。そう周りにも言ってもらえましたし、真司くんからもそういう言葉をもらいました。1カ月間ぐらい出られなかったけど、逆によかったというか、気持ちの整理ができました」

「自分が入ることで、チームが崩れたらどうしよう」「状況が悪くなったら、叩かれるだろうな」。そんなネガティブな思いは消えていった。

「真司くんの後釜ではなく、自分のプレーをしよう」

やるべきことは、はっきりと見えていた。

ケガから復帰した清武は、すっかり立ち直っていた。チームもヤマザキナビスコカップの予選リーグでは1勝もできずに敗退したが、リーグ後半戦は、「トップ3入り」を新しい目標に掲げ、再び歩み出した。

乾が、上位浮上へのきっかけになったと話した7月14日のアウェイ・サンフレッチェ広島戦が、清武にとっての復帰第1戦だった。フィジカルコンディションを考慮《こうりょ》され途中で退いたが、レヴィー・クルピの評価は高かった。

「しっかりとパスをつないで数多くのチャンスを作り、セレッソのオフェンシブな姿勢というものを存分に見せてくれた。これからもっともっと試合を重ねることによって、さらに力強い攻撃力を発揮してくれると思っています」

その言葉どおり、清武が復帰した新しい攻撃陣、乾、家長、アドリアーノはその後さらにコンビネーションに磨きをかけていった。7月24日のモンテディオ山形戦では、アドリアーノが先制、乾と清武も得点をあげて完勝している。乾にとってはJ1で初めての、清武にとってはセレッソでの初ゴールだった。シーズン当初、取材で「どちらが先にゴールするでしょうね？」と聞かれ、「多分いっしょに決めますね。ツインシュートで、大丈夫っす！」と、清武が予想したとおりになった。

「真司はどちらかというと、1人でボールを長く持つタイプだけど、キヨは持つときもあれば、パスで動かすこともある。リズムができるので、自分はやりやすかった」（乾）、「今はキヨが攻撃をスピードアップさせている。ボールタッチと独特のリズムで、3シャドーのところで絶妙の関係を作り出している」（森島寛晃アンバサダー）と、特長が認められ、周囲の見る目も変わってきた。

移籍1年目は、リーグ戦で25試合出場、4得点と、まずまずの成績を残した。清武がレギュラーメンバーに定着したのに伴い、チームも尻上がりに調子を上げていった。そして、J1リーグ最終節でACLの出場権を獲得するのである。

「2010年はホント、強かったですね。夢が見られるチームだったと思います」（清武）

レヴィーのありがたい言葉

2011年、J1リーグ戦とACLに加え、清武たちには、「ロンドンオリンピック・アジア予選」という、もうひとつの戦いが待っていた。チームには、韓国代表のキム・ボギョンとガンバ大阪から期限付き移籍した倉田秋《しゅう》が加わり、攻撃のタレントはさらに多彩になった。夏に乾がドイツに移籍しても、戦力は十分、だったはず。が、ACLと並行して行なわれたJ1リーグでは苦戦を強いられた。引き分けが多く、開幕から7試合勝利がなかった。

5月15日のアウェイでの浦和レッズ戦では、清武が起死回生《きしかいせい》の同点ゴールを決めたが、結果は引き分け。「今、チームには勝ちが必要。（ゴールという）結果を残しても、あとのプレーが全然ダメなので、反省する点のほうが多いです」と、表情は渋かった。

5－0で完勝した7月2日の柏レイソル戦でさえ、「ゴールを決めたかったので、自分としては悔いの残る試合。もっともっとどん欲にゴールを狙っていきたかった」と話していた。自己評価は常に厳しかった。厳しかった、といえばレヴィー・クルピもそうだ。U－22日本代表で中心選手としてプレーし、オリンピックのアジア2次予選を勝ち抜いて帰ってきた清武について、

「彼は、オリンピック予選で自信を持って帰ってきた。しかし、技術的にあるいは戦術的に何かをプラスアルファして持って帰ってきたわけではない。彼はもともとセレッソでも自信を持ってやってきた選手。オリンピック代表が次のラウンドに進んだことによって高いモチベーションを持って帰ってきたということであって、**まだ彼はそれほどの注目を集める選手には至っていません。今はまだ謙虚に、自分の道を歩んでほしいと思います。そうすれば偉大な選手になる素質を持っています**」

と、釘をさした。

「監督は、よくグラウンドで若手選手を集めて、『いつでも謙虚でいなさい』と言っていました。俺やマル、螢、(杉本)健勇に対して。今もみんな言われているんじゃないですか。でも、一番ありがたい言葉ですよね。調子に乗りそうなときに、声をかけてくれる。監督はすごく人を見ますよね。人を見る目があるというか。あと、選手の起用方法がうまいと思います。若手を使ってくれる。チャンスをくれて、チャンスをものにしたら、ずっと使ってくれます。なかなか勇気がいることだと思いますよ。それを監督は、常に心がけてやってくれました。ベテランからすると、それは大変でしょうけど、若手にとっては、すごくいいというか、ありがたいことでした」

若手選手の積極起用は、レヴィー・クルピの真骨頂《しんこっちょう》といえた。着任直後の香川に始まり、移籍で獲得した乾の登用《とうよう》、2009年には移籍してきたばかりの21歳のキム・ジンヒョンを開幕戦から正ゴールキーパーに据えた。今は押しも押されもせぬ守護神に成長したが、経験の少ない外国籍のゴールキーパーをいきなり起用するリスクは半端《はんぱ》ではない。レヴィー・クルピの挑戦はそのあとも続いた。左サイドバックの丸橋や、山口、扇原のボランチコンビ、杉本ら育成出身の選手にもチャンスを与えて成長を促《うなが》した。キム・ボギョン、倉田ら移籍組も同様だ。さらに近年では南野拓実。トップチームに昇格する前の2012年の終盤、残留争いの真っただ中で3試合に起用した。そのうちの1試合、結果的にJ1残留を辛くも決めた最終節（川崎フロンターレ戦）は、フル出場させている。

若く経験のない選手を起用することに、リスクを感じたことはないのか？と聞いたことがある。

「リスクというのは、私はまったく考えません。逆にいうと、常にリスクを伴った戦いの繰り返しでした。練習のなかで、どんなプレーをしているのかを見て、それを試合のなかで出せるのか。出せる選手だと思ったら、ためらいなく送り込みます。例えば、拓実は、フィジカル的に強さもあるし、勇気もある。この選手はいける！と思ったので、自信を持って起用しました。その期待に応えてくれたのです。運、ラッキーというのも正直あると思います。そして勇気という部分もある。私が信頼しているということを、彼らが感じ取ってくれれば、彼らは勇気を持ってプレーする。できない選手は外す。続けられるなら、私は使い続ける。それははっきり自分でも決めています。信頼するということと、信頼に応えるということ、そういう部分はうまくいったと思います」

日本代表デビュー戦でアシストを記録

監督の期待に応えた清武は、フル出場が増え、チームの中心として堂々とプレーするようになった。そして、清武はもうひとつ大きな役割を担うことになった。日本代表メンバーに初選出され、２０１１年８月10日には国際Ａマッチ（vs韓国代表）に初出場を果たしたのである。この試合で香川のゴールを鮮やかにアシストしたことで、その名は一気に全国に知られるようになった。Ｕ－22日本代表と掛け持ちする様子は、かつての香川をほうふつさせた。

そして、12月のＪリーグアウォーズではベストイレブンに輝いた。が、手放しでは喜ぶことはなかった。チームの成績が18チーム中12位と中位以下に沈んだことや、清武自身も９月にＵ－22日本代表の試合で負傷してからは、思うようなパフォーマンスが発揮できなかったことも影響したのかもしれない。

「満足はしていないし、悔しいシーズンでした。個人的にはよかったこともいろいろありましたが、チームの結果がよくなかった。もう少し、チームとしてまとまっていけたらよかったかなと思います」

自分の力でチームを勝たせる、強くするという目標は、翌シーズンに持ち越された。

3代目、背番号8

セレッソでの3シーズン目。ターニングポイントが訪れた。清武に「背番号8」が託されたのだ。

香川がドイツに渡って以来、空き番号になっていた「セレッソ大阪のエースナンバー」を背負うことになった。

「8番をつけるのは光栄なことですし、重い番号なんで、すごく責任感はありました。そのなかで結果を残せなかったのは、自分に足りないことがあったと思いますね。**でも、あの8番をつけたことで、また一段と気持ちも強くなっただろうし、叩かれても動揺《どうよう》しなくなったというか、気持ちがぶれなくなった。そういう意味で8番というのは、自分を強くしてくれたかな。**まぁ、重かったのは重かったですけど（笑）。すごくありがたいです。自分を強くしてくれたから」

前年でレヴィー・クルピが勇退し（8月に復帰したが）、セルジオ・ソアレスが新たに指揮を執った。清武は、1月下旬のU-23代表のドーハ・キャンプで負傷し（左腓腹筋挫傷《ひだりひふくきんざしょう》で全治6週間）、セレッソの宮崎キャンプは別メニューで調整を続けた。背負った重責に反して、トレーニングさえもままならない状況に、表情はきわめて暗かった。しかし、チームの中心選手であり、日本代表、ロンドンオリンピックに出場するU－23日本代表の選手として、常に注目される存在。取材の申し込みも多く、悔しい気持ちを押し殺し、必死で前向きなコメントをしていた姿が痛々しかった。

ニュルンベルクへの移籍話が浮上したのはそんななかでのことだった。もともと、海外志向はそれほど強くなかった。２０１１年夏のインタビューでは、

「セレッソに来るまでは、（海外移籍は）全然考えていなかった。というより、行きたくなかった。大阪に来るのもどうしよう？　と思うぐらい、大分を離れるのが寂しかったから。もし、『海外に行く？』と聞かれても、『いや、いいっすわ』という感じだった。でも、今みんな行っているじゃないですか。チャレンジできる時期が来たら挑戦してみたい、という気持ちになってきました。いろいろな選手の影響もありますね」

と、話していた。

「めっちゃ悩みましたよ！　だってね、真司くんが行ったでしょ、家長くんが行ったでしょ、

そのあと、乾くんも行った。そうなると、次は僕でしょ？　自然に。もちろん、行かないというのもありでしたよ。日本にいるっていうのも。でも、そこで逆に行かないという勇気が僕にはなかった（笑）。超悩んだ。人生っすもん。（強化部長の）梶野さんからも、『お前がしたいようにしてもいいよ』って言ってもらって、結局自分でニュルンベルクに行くって決めて……ただ、決めたといっても、心のどこかで悩んでいました。やっぱり『8番』で結果を残していなかったし」

決断はした。しかし、「8番としての責任」は最後までどこかに引っかかっていた。

「今年8番をつけさせていただいていながら、あんまり結果も残せていないですし、セレッソに（今シーズンの）最後まで残るかというのも、今週まで迷っていたんですけれど……。このタイミングで発表して、サポーターの皆さんやスポンサーの皆さんを、本当に裏切った気持ちで、そんな感じで思ってもいます。自分が結果を残していないですし、そのなかで移籍をするというのは、正直すごく苦しみました」

「今年はセレッソ3年目で、中心選手としてスタートし、森島さんや真司くんがつけていた8番をつけさせていただいていながら、結果も残していないのに（海外に）行くのはどうかな、というのは自分のなかではずっとありました」

「真司くん、乾くん、家長くんは、何かしらチームにとって結果を残して行った。自分は今年まだ結果を残してないですし、そういうなかで行くっていうのはどうなんやろってすごく思っています。あと1カ月で結果を残せるように、頑張ろうかなと思います」

記者会見でも繰り返した、迷いと反省……。清武の背中を押したのは、家族だった。

「嫁さんに相談したら『悪いときもあればいいときもある』って言われて、『チャレンジすることがすごく大事』と初めて自分に意見してくれたんで、それが最終的に決め手になりました。両親からも、『行かないより行ったほうがすごい経験になる。これからのサッカー人生を考えても海外でプレーするってことはすごく経験になる。チャレンジをしてこい』と言われました」

ニュルンベルクへは7月1日付の移籍となった。セレッソでのラストマッチは、6月30日の浦和レッズ戦に決まった。その日、大阪長居スタジアムには、36723人の観客が来場、セレッソでの最後の雄姿を見守った。試合は、20分に先制され、その後セレッソが猛攻を仕掛けるが、なかなかゴールを割れなかった。劇的な同点ゴールが飛び出したのは、終了間際、アディショナルタイムだった。キム・ボギョンのシュートのこぼれ球に詰めたのは、13番の柿谷。「キヨのラストゲームだということで気持ちも入っていた。負けなくてよかった」（柿谷）

清武の最後の試合には、香川が駆けつけ、森島とともにピッチに登場。

気持ちで押し込んだゴールだった。

試合後のセレモニーでは、マンチェスター・ユナイテッドへの移籍が発表されたばかりの香川、そしてアンバサダーの森島から花束を贈られ、激励を受けた。歴代の「8番」が、長居のピッチに揃った瞬間だった。モリシコール、シンジコール、そしてキヨコールが、沸《わ》き起こった。

「今日は、こんなにたくさんのサポーターに駆けつけていただき、ありがとうございました。2年間、楽なことばかりじゃなくて、なかなか試合に出られず、苦しい思いもしましたが、監督はじめ、みんなに支えてもらって、幸せでした。サポーターの皆さん、いつもご声援ありがとうございました。これからもセレッソをよろしくお願いします。最初、僕は人見知りで、サポーターの皆さんを不愉快にさせてしまったこともありました。本当に、今でも後悔しています。本当にすみませんでした。**セレッソのサポーターは本当に温かくて、僕は大好きです。チームは波に乗れず、苦しいときもあると思います。皆さんの力が必要です。セレッソをこれからも愛してください**」

流暢《りゅうちょう》ではなかったが、朴訥《ぼくとつ》な清武らしい、心のこもったスピーチだった。

セレッソでの2年半。短かったかもしれないが、濃密な時間を過ごしたという清武。

「セレッソというチームはすごく若いチームですし、みんな温かくて、みんないい人。いいチームに入ってよかったなと思います。出られない時期がたくさんあったけど、サブのみんなが腐らずやっているのを見たら、自分ひとり腐《くさ》ることはできないなと思いました。すごくいい経験になりましたし、このセレッソですごく強くなれたなと思います。そういう意味で、(コーチの)小菊さんの存在は大きかった。**試合に出られない選手は、どうしても腐りがちになります。なんでセレッソの選手が這《は》い上がってこられるかというと、それは小菊さんがいるからっていうのが大きいんです。そうとう助けられました。苦しいときに助けてくれるだけじゃなくて、調子に乗っているときも、言ってくれるんです。**一番落ち込んだのは、2年目。秋くんが来て、自分はケガをして出遅れて、スタメンを奪われたんです。そんなときも、紅白戦とかでいつも小菊さんが盛り上げてくれて、声もたくさんかけてもらいました」

小菊に励まされた選手は他にもいる。

「いろいろ迷惑かけましたね。お世話になりました。悩んでいたら、声かけてくれたし、自分からも相談に行った。悪いところは、悪いとビシっと言ってくれた。でも、基本は優しい言葉をかけてくれた。ホンマ支えてもらいましたね」

と、振り返るのは乾。香川にとってもその存在は絶大だ。

「自分が16歳、17歳のころから見てくれていて、小菊さんも僕と同期で（スカウトからトップのコーチになった）、そういう縁もあって、プロのピッチでお互いコミュニケーションを頻繁に取って、上を目指してやってきた。僕はすべてを小菊さんには伝えています。小菊さんは、僕以外の選手も熱心に指導して、特にサテライトを見ることが多かったから、若い選手はみんなお世話になっています。すごく信頼が置ける方だと、みんな思っているはず。人として、指導者として、選手ひとりひとりと向き合ってくれる」

小菊は、１９９８年に育成の指導者としてセレッソに入った。スカウトを経て、２００６年にトップチームのコーチになった。

「僕はＪリーガーじゃなかったし、それだけにコーチとして、何かストロングポイントを持たないといけないと思うんです。グラウンドのところだけじゃなくて、選手の人間形成のところもいい距離感を持って、接したい。自分が現役時代に日の目を見ていなくて、悔しい思いをしてきたほうだから、選手の顔を見たときに『シグナル出しているな』というのを感じられるのかもしれません。ひとりひとりを観察して、厳しいことを言わないといけないときもあるだろうし、逆にちょっと手を差し伸べてやらないといけないときもある、愚痴を聞いてやらないといけないときもある。それは、素で接することによって、見えてくるもの。コーチだからと、上から接しているつもりはありません。変に気を遣《つか》ったり、駆け引きしたりということはしない。そのときはわかってくれなくても、いつか感じてくれると思っています。乾やキヨ、真司たちが、僕のことをそういうふうに言ってくれているなんて、全然わからなかったから、本当にうれしいです。今までで一番うれしい言葉です」

あらゆる面で着実に成長を遂げている

香川、乾に続いて、ドイツに渡った清武。ファーストシーズンはニュルンベルクでリーグ全体の4位のアシスト数を記録するなど、結果を出し、大阪に凱旋した。日本代表のスケジユールの合間を縫《ぬ》って、舞洲グラウンドでかつてのチームメイトたちと汗を流し、キンチョウスタジアムにもやってきた。5月25日、名古屋グランパス戦のハーフタイムにサポーターの前に登場した。

「大阪に帰ってきました！　こうやって、キンチョウスタジアムにまた出してもらえたこと、セレッソ大阪の関係者の皆さんや、サポーターの皆さんに感謝しています。本当にありがとうございます。ドイツに行って1年がたち、シーズンが終わりました。正直、あまり結果を残せず、悔しいシーズンになりましたが、1年間頑張れたのは、皆さんがずっと応援してくれたからだと思います。感謝しています。ありがとうございます。セレッソの試合は、インターネットの速報などで結構見ています。セレッソが優勝することを僕は願っていますし、セレッソの選手たちが頑張っているので、僕も負けないように、しっかり頑張りたいと思います」

1年ぶりの挨拶は、驚くほど流暢で、気配りのきいたものだった。スタンドからは、「キヨコール」が起こった。試合では、清武のあと8番を受け継いだ柿谷が、鮮やかなトラップからゴールを決め、セレッソが快勝した。

ニュルンベルクで充実したシーズンを送ったせいか、物腰は柔らかで、言葉にも余裕があった。オフにJ-GREEN堺（大阪府堺市）でのイベントに出演したときのことだ。偶然、同じ敷地内のピッチで公式戦を行なっていたセレッソ大阪堺レディースの選手たちに接する機会があった。16歳のMF松原志歩が、「背番号8を背負っていることについて、プレッシャーを感じている」と聞いた清武は、「全然、気にしなくていいよ。僕だって、しんどかったけど、何とかなったから！　大丈夫、大丈夫」。そう言って、松原を励ました。周囲から、「8番はセレッソでは特別な番号」と言われて萎縮《いしゅく》していた松原は、吹っ切れたのか、そのあとは伸び伸びとプレーし、チームのみならずU－16日本女子代表としても活躍している。

身近にうまい選手がいる幸せ

「地元は大分ですけど、濃い2年半を過ごした大阪に帰ってこられてうれしかったです。帰る場所があるのはありがたいですし、温かく迎えてくれるのはうれしいですね。Jリーグに帰ってくるなら、セレッソに帰りたいなって思います。最終的に歳を重ねて、大分で引退したいっていう気持ちはありますけど、20代で帰ってくるのであれば、セレッソでやりたい。僕と乾くんはいつも言っていますよ。『いいなー、セレッソは。帰るか？』ってね（笑）。そのときに、知っているメンバーがどれだけ残っているかわからないけれど、常に帰ってきたいと思わせるチームだと思います。タカ、螢、曜一朗、マル、南野、健勇、龍《りょう》（永井、パース・グローリーFCに期限付き移籍中）……最初に見たとき、セレッソのユースってこんなにうまいんやって衝撃を受けました。本当にすごいと思いますよ」

ドイツでの2年目のシーズンを戦っている清武。

「もっと上に行きたいし、今に満足することなくやっていきたいという気持ちがあります。乾くんや真司くんなど、身近に目標にできる選手がいますし、彼らを追い越せるようにやればいいなと思います。幸せなことですよね。身近にこれだけうまい選手がいっぱいいるってことは」

「香川選手に追いつけ追い越せで頑張ってこい」。古巣・大分で受けた激励は、今も清武の胸に生きている。

GERMANY

ドイツの地で煌《きら》めく、セレッソ・ブランド

ミムラユウスケ（ドイツ在住スポーツライター）

2009年よりドイツ在住。香川真司のドルトムントでの2年間を徹底取材。現在はフランクフルトを拠点に平日は各チームの練習へ、週末はドイツ中を駆け巡り試合を取材している。香川、乾、清武を誰よりも近くで見ている。

日本人のサッカー選手がヨーロッパに渡るのは、基本的にサッカー選手として成長するためである。だから、ヨーロッパに渡った選手たちの間に共通項を見出すことは難しい。ただ、セレッソ出身の選手というくくりで見ると、自然と浮かび上がってくるものがある。

正しかった香川真司の皮《ひ》膚《ふ》感覚

2010年の8月のこと。南アフリカW杯が終わり、ドルトムントへやってきたばかりの香川は少し興奮気味にこんなことを話していた。

「実際にやってみないとわからないし、やってみたら違うかもしれないけど、イメージ

を共有できる選手が前のほうで揃っていたら、W杯でもやれるんじゃないかなと思います。だから、セレッソの（2列目の）シャドー3人で（W杯に）出してくれたら……。もちろん、もっと守備はしないといけないだろうけど、ある程度、中盤でもポゼッションできると思う」

このとき、自らのドルトムントでの活躍についても手ごたえを口にしていた。そして、香川は2年かけてドイツでスターの座に登りつめていった。ある意味で、彼の皮膚感覚は正しかったことになる。

だからこそ、皮膚感覚の正しい選手の発言はある事実を導き出す。セレッソの選手たちが世界の舞台でも活躍できる、ということだ。

実際、香川を皮切りに、1年後には乾貴士が、さらに1年後には清武弘嗣がドイツにやってきた。香川がマンチェスター・ユナイテッドへと移籍したあとは、乾と清武がともにドイツの1部リーグで活躍するようになった。

セレッソの卒業生たちがヨーロッパで活躍できたのはなぜなのだろうか。

彼らに共通するものに目を向ければその答えは見えてくる。それはサッカーに対してピュアで、まっすぐな姿勢だ。

彼らはいつも言う。楽しくサッカーがしたい、と。それでいて、負けず嫌いだ。

かつて世界のサッカーに「トータルフットボール」の革命をもたらしたヨハン・クライフは美しく勝て、と説いたが、セレッソの卒業生たちの望みもそれに近い。ファンはもちろん、自分たちも楽しいサッカーをして、それで相手をねじ伏せる。

楽しく、勝つ。

そのために身を捧《ささ》げる。

だからこそ、苦しみながら勝利をつかんでも、それほど喜ぶことはない。

清武はかつてこう言った。

「プロならば、勝ち方というものがある」

自分が活躍しても、得意になることはない。

ドイツ人にはない技術を持っている

2012－13シーズンの終盤のこと。フランクフルトでEL（UEFAヨーロッパリーグ）出場権を勝ち取るために、守備的な戦いをしながらも、チームが成績を伸ばせない状況に陥ったとき、「監督の決めることに従うのは当然だ」と前置きしながらも、乾はこう話した。

「こういう戦い（守備的な戦い）でＥＬやＣＬ（チャンピオンズリーグ）に出られたとしても、このままでは戦えないと思います。強いチームならば、どこが相手でも同じ（攻撃的で魅力的な）サッカーができるので」

あるいは、香川はドルトムント在籍時代にヨーロッパ最高峰の大会であるＣＬアーセナル戦で初ゴールを決めたあと、試合に負けたことを引き合いに出してこう話した。

「何も感じないゴールでした」

目先のゴールや勝利に惑《まど》わされることはない。楽しくサッカーをした上で、試合に勝てるかどうか。そこに意識は向いているのだ。

「しっかりとしたよい内容で勝つことがサッカーとしては一番いいんじゃないかなと思うんですよ」

清武はそのように理由を明かしている。

はたから見れば、彼らの理想が高すぎるように、あるいは、彼らが自分に対して厳しすぎるように見えるかもしれない。ただ、彼らはそれを当たり前のものとしてとらえている。常に高みを目指しているために天狗《てんぐ》になることもないし、よいプレーができれば、今度はさらによいプレーを求めていく。それこそが彼らが備えている才能であり、その才能があるからヨーロッパに渡っても活躍できるのだ。

もちろん、彼らには共通した特長がある。

香川の代理人を務め、多くの日本人選手の移籍に携わってきたトーマス・クロート氏はドイツ人にはない日本人のよさをこう評していた。

「彼らの俊敏さやスピード、蹴るボールの多様性だね。どうすればすばらしいパスを出せるのかを日本で学んできている。どのクラブのどの監督も、日本人がチームに加わってから1日か2日すると、『日本人のパスのセンスはすばらしい』と言うんだ」

香川の恩師として有名なドルトムントのユルゲン・クロップ監督もそう感じたという。香川が加わってまもないころ、地元番記者に香川の活躍は間違いないと打ち明けている。

あるいはニュルンベルクに加入した最初のシーズンで10アシストを記録した清武を思い浮かべてみればいい。彼はセレッソ時代にFKやCKなどのプレースキッカーを務めることは基本的になかった。それでもニュルンベルクに入団してからプレースキッカーを務め、そこから次々とアシストを記録。ニュルンベルクの選手としての1シーズンのアシスト数の記録をあっさりと更新した。「セットプレーのキックをほめられても……」と清武は苦笑するが、これは彼の技術の高さを証明するものだ。そして、そうした技術を磨けるのがセレッソというクラブであることに異論《いろん》の余地はないだろう。

セレッソで育った彼らは、ドイツ人にはない技術を兼ね備えている。それを武器に、大男たちをきりきり舞いさせる。そこにサポーターたちは快感を覚えるのだ。

では、ピッチ外に目を向けるとどうだろうか。

ここでも、彼らに共通する資質がある。ファンへの愛だ。ドイツはヨーロッパの強豪国のなかでは珍しく、ファンと選手の触れ合いを大切にする文化がある。社会的地位の高いサッカー選手は、ファンが求める写真撮影やサインのお願いに応えなければならない。

対応のよさで群を抜くのは、セレッソ出身の選手たちだ。香川の場合は、ドルトムント在籍時代にユニフォームの売り上げがチームでトップを記録していた。当時のドルトムントは、ドイツではもちろん、ヨーロッパ全体を見回しても1試合あたりの観客数がトップだった。そんなクラブで最も多くのユニフォームを売り上げる香川の人気は飛びぬけていて、ファンが香川のもとに殺到《さっとう》していた。ドルトムントの場合は、ファンの熱気がすさまじいこともあり、選手のなかにはファンサービスを敬遠してしまうものもいる。

それでも香川は違った。

「みんな、意外と適当なんですよね（笑）。こんな接し方でいいのかな、と思っちゃう。やっぱり、ファンあってのプロ選手なので。僕は彼らから愛を感じるから、愛を与えているんすよ」

そんなことをサラッと言ってのけていた。

それはマンチェスター・ユナイテッドに移籍してからも変わらない。世界に名だたるクラブに籍を置くことで、以前にもまして多くの人に認知されるようになった。例えば、日本代表の試合でヨーロッパから日本に戻ってくると、空港で待ち受けているファンが到着と同時にサインを求めて押し寄せてくる。次々と色紙やユニフォームを差し出してくるファンに対して、イヤな顔ひとつせずにペンを走らせていく。有名になったからといって、態度が変わることなく、自分のできる範囲でファンサービスを続けていく。彼にとっては、ファンにサービスすることは、グラウンドに出てサッカーボールを蹴ることと同じように、当たり前のことなのだ。

この姿勢はなにも香川だけに限らない。

乾もそうだ。彼がプレーするフランクフルトは、欧州中央銀行などがあり、ヨーロッパの金融の中心となっている。そのため、多くの日本人がこの街に住み、日本人学校も存在する。そんなフランクフルトに拠点を置くクラブでプレーする乾は、地元ドイツのファンはもちろん、海外に住む日本人にとっても憧れの的だ。現地の祭日に練習が行なわれると、そうした日本人が大挙《たいきょ》して練習を見学に来て、練習が終わると次々とサインを求めてくる。時に100人以上のファンが乾のもとに集まってきたことがあった。そのひとつひとつの求めに応じるのは当然のこと。乾は小さい男の子を見ると「かわいいなぁ」とつぶやき、腰をかがめていっしょに写真におさまってあげることもある。その理由を聞かれると、当然のようにこう答えていた。

「みんな好意的だし、優しい。（プレーする上での）力になっていますから」

清武の場合も変わらない。練習場に日本の学生グループが応援に訪れたときに自らのブログで感謝を綴ったこともあるし、試合後などにファンからサインを求められても、すばやくペンを滑らせる。だからだろう。ニュルンベルクでは子供たちが「キヨー、キヨー」と声をあげて、近づいてくる。

そんな姿勢がファンの心をつかみ、人気が出る。人気があるからこそ、ファンからは温かい声援が注がれる。今度は、そのファンの愛に応えようと、彼らはファンサービスに汗を流す。そんな幸せな循環《じゅんかん》があるのだ。

清武が選んだベストイレブン

驚くべきはセレッソの卒業生たちにとって、楽しくサッカーをすることも、それによってファンを魅了することも、ファンサービスに熱を入れることも、当たり前のことになっているという事実だ。それらはセレッソ大阪というクラブで育ったからこそ、彼らのカラダに染みついていたものだ。そして、それこそがセレッソ大阪の最大の財産なのではないだろうか。

そんなセレッソの魅力を表現するのに、ふさわしいエピソードがある。

２０１２－13シーズンのニュルンベルクのホーム最終戦、マッチデープログラムに清武のインタビューが掲載された。誌面で自《みずか》らの考える理想のベストイレブンを紹介するように求められた清武はペンを走らせ、以下のような選手たちの名前を書き入れている。

フォーメーションは4－2－3－1。

GKトラップ（フランクフルト）、DFにD・アウベス（バルセロナ）、フンメルス（ドルトムント）、ダンテ（バイエルン・ミュンヘン）、マルセロ（レアル・マドリード）。ここまで外国人選手たちの名前を挙げたあと、中盤から前の選手をこう書いている。

MF山口螢、扇原貴宏、清武弘嗣、香川真司、乾貴士。そしてFWに柿谷曜一朗。

中盤から前はすべてセレッソの選手たちだ。

「あれやばいでしょ？ セレッソ組ばっかり（笑）。あの企画は誰を選んでもいいんですよ。だからセレッソのメンバー……曜一朗とかが入って、螢とかもいるし、あのメンバーでやれたら楽しみやなって思って」

清武はその理由を笑顔で説明していた。

日本を離れ、言葉も文化も食事も異なる海外でサッカーをして、結果を残すことは決して簡単なことではない。

香川、乾、清武が活躍できるのは、自分たちが愛するクラブで学んできたことが世界で通用するものだからだ。

第3章

「ハナサカクラブ」はなぜ成功したのか

〝育成のガンバ〟に負けたくない！

２０１３年1月、セレッソ大阪の新グラウンドと、新クラブハウスが完成した。大阪市此《この》花《はな》区の舞洲スポーツアイランドに建設されたのは、天然芝グラウンド２面（ヤンマーグラウンド、日本ハムグラウンド）と、人工芝グラウンド1面、そしてクラブハウス（セレッソハウス）。トップチームの他、育成の複数のカテゴリーがトレーニングを行なえるよう、ロッカールームも充実している。トップチーム、育成それぞれのスタッフルームが設けられ、選手だけでなくコーチングスタッフにとって、仕事のしやすい環境が整えられた。さらに一般の方も使用できる研修室も2室備わっている。夏休み時期からは、レストスペースを練習見学に訪れたファン、サポーターに開放するようになった。クラブ創設20年を前にして、夢の施設がようやく完成した。

さかのぼること12年前の２００1年秋、トップチームのヘッドコーチ（２００２年には監督に就任）に招聘《しょうへい》された西村昭宏は驚いた。

「クラブの施設に、育成のコーチたちの部屋がなかったのです。彼らは、その日の練習の打ち合わせをグラウンドの近くの喫茶店で行なっていました。環境がまったく整っていなかった。ちょっと理解しがたいことでした」

セレッソ大阪の前身であるヤンマーディーゼルサッカー部のOBであり、森島寛晃とも1年だけともにプレーした。そのあとは、ガンバ大阪に移って、コーチや強化部長、ユースの監督を務めたあと、2001年まではU－18、U－19、U－20日本代表監督を歴任。育成年代の指導を長く続けてきた西村の目に、セレッソの育成の現場は衝撃的に映った。

「私が引き受けたのはトップチームの監督であり、直接育成にかかわる仕事ではありませんでした。でも、チームの強化に育成が非常に重要だというのはわかっていましたし、ひとつのチームでトップと育成、プロとアマチュアはどこかで結びつきや交流があっていいと思っていました。だから、育成のコーチたちの部屋を南津守《みなみつもり》のクラブハウス（当時）のなかに作ってもらいました。まずは彼らの集まれる場所が必要だと思ったからです。トップと育成のスタッフの部屋が隣同士になるように配置しました」

結果としてトップチームのスタッフルームは手狭《てぜま》になったが、トップと育成が連携を取りながら仕事ができる環境が、まがりなりにも整えられたのである。

とはいっても、まだまだ足りないことはたくさんあった。1998年から2001年まで育成の指導者を務めた小菊昭雄はこう振り返る。

「今でこそ『育成のセレッソ』といわれていますが、僕らが担当していたころは、ガンバ（大阪）には大敗するし、スカウティングで競合した選手は、セレッソではなく、みんなガンバや、（京都）サンガ、ヴィッセル（神戸）に行きました。関西では、2番手か3番手、もしかしたら4番手だったかなと思います。10年ぐらい前まではそうでした。1999年に足達（勇輔、現・長野パルセイロ総合プロデューサー）さんがU－18の監督として来られて、本気で育成に取り組まないとセレッソは発展しないという危機感をみんなが持ちました。現場のモチベーションが一気に上がり、ミーティングを重ねて、『とにかくいい選手を連れてこよう』ということになった。よーいドンで競争しても負けるから、とにかく早くアプローチをする。お金もないからとにかく足を運ぶ。朝から晩まで、ジュニア年代のいい選手がいないかと試合会場を見て回りましたね。あとは情熱です。『そんなに言ってくれるんなら』と来てくれる子もいたし、それでも逃げる子もいました。ポテンシャルを持った、可能性のある子を探してセレッソに来てもらうという努力をしたことが、今の『育成のセレッソ』の原点だったと思います。当時、育成といえばガンバ。宮本（恒靖）、稲本（潤一）、大黒（将志）と続々とスター選手が出て、日本代表に選ばれ、ヨーロッパにも出ていく……それを、僕らはどれだけ悔しい思いをして見てきたか。負けたくない気持ちで取り組んできた、当時携わったスタッフ、今のスタッフ、皆さんの努力の結晶があって、今があると思います」

未来への投資、「TM50」プロジェクト

西村は、2002年に監督としてチームを率い、チームを1年でJ1昇格に導いた。しかし、2003年も引き続き指揮を執るものの、成績不振を理由にシーズン途中で解任され、いったんセレッソを去った。

「トップチームの監督をしていたときは、結局、育成とはそれほど深くかかわることはできませんでした。ただ、そのあとゼネラルマネージャー（GM）として戻ったときには、ぜひ育成をしっかりやらせてほしい、とクラブに言ったのです」

2004年12月に、チーム統括部GMとしてセレッソに復帰した西村は、2005年からいよいよ本格的に育成の構築に携わることになった。

西村の招聘を決めた出原弘之社長（当時）は、

「2004年はセレッソの10周年ということで、ぜひ優勝したいという思いでスタートした

ものの、結果的には残留争いをすることになってしまった。これは、単に監督が、選手が、という問題ではなく、クラブとしての責任。２００５年を、20周年、30周年に向けたスタートの年と位置づけ、一から取り組んでいきたい。目先のことだけを考えて、多額のお金を使った選手補強をして強化するのではなく、将来のビジョンを描き、チームの夢に向かって日々進化していき、安定、継続した強さを持てるようにしたい。そして、将来的には、『黄金時代』と呼ばれるものを築きたい。そこで初めて、セレッソ大阪独自の文化、歴史が生まれ、伝統へとつながっていくと思う」

と、クラブをあげて長期的な視野に立ったチーム作り、すなわち育成に取り組んでいくことを表明した。

ＧＭとなった西村は、育成部門の改革を打ち出し、新しい指導者を招聘するとともに、指導者の意識改革も行なった。

「２００４年に戻ったときにも、育成のスタッフの部屋はありませんでした。南津守のクラブハウスにスペースが取れなかったので、選手寮の一角を改装して部屋を作りました。そこで指導者たちが週１回集まってミーティングをして、私もＧＭとして参加しました。そこから、育成の充実に本格的に手をつけていったんです」

育成のスカウティングも、それまで以上に力を入れることになった。さらに、育成の下にあるスクール部門を拡大し、チームを支える三角形をより大きなものにする取り組みも行なった。

そして、2005年、チームは最終節まで優勝を争い、あと一歩のところでタイトルを逃した。それでも、日本人選手と外国籍選手がうまく融合《ゆうごう》したチームは、いい方向に進んでいるように見えた。西村は、就任2年目の2006年、トップと育成の間にもうひとつの「チーム」を立ち上げた。

「セレッソの歴史に欠かせない存在が、森島、西澤（明訓）、大久保（嘉人）です。私は、ありがたいことに2002年、2003年と、彼ら3人が揃ったときに監督をやらせてもらいました。GMとして戻ったときには、『彼らに続く選手を育成しなければいけない』と考えました。そこで立ち上げたのが、『TM50』でした。トップチームとは別に、若手選手だけを集めたチームを作り、年間50試合のトレーニングマッチを行なうことにしました。有望な若手を、若いブラジル人選手を含めて9人獲得し、そのチーム専任のマネージャー、通訳とも契約した。その9人のなかにいたのが、17歳の香川や16歳の柿谷（曜一朗）、18歳の山下（達也）やデカモリシ（森島康仁、現・大分トリニータ）でした。彼らを指導したのが、ヘッドコーチの大熊裕司、コーチの勝矢寿延、アシスタントコーチの小菊です。彼らにはすごく負担だったと思います。若手のチームを任された一方で、トップチームも見ていかなければならなかったわけですから。ただ、クラブとしてはどうしてもやりたいプロジェクトなので、大熊には、『徹底的に若い選手を鍛えてほしい』と言って取り組んでもらいました」

ヨーロッパに巣立った香川をはじめ、今やエースとして君臨する柿谷、バックラインで絶大な存在感を見せる山下らのプロ生活は、このTM50から始まった。実際、香川は、「1年目のトレーニングは充実していた。自分にとって大きかった」と語っていた。西村は、「あの取り組みが、結果的に今の活躍につながっているとは思います。でも実際に練習をしたのは彼ら自身で、我々クラブの人間は環境を作るのが仕事。真司が自分の信念を貫いて、頑張ったからこそです。でも、彼がセレッソに入ったとき、持久力、身体能力はチームナンバーワンだったんですよ。あまり表には出ていないけれど。もともと彼が持っている動ける力、持久力のすごさが今のプレースタイルを作っていると思います。常に動きながらプレーできる、止まらない。だからあのカラダでもマークされないし、動き続けられる。フィニッシュのところに行っても、そんなに息が上がっていないのは、彼の持つ身体能力なんです。それから、最初の宮崎でのキャンプで、曜一朗に落とされた大熊のカミナリは、今でも忘れられない。『もうプロなんだぞ』と、トレーニングへの取り組みを指摘されたんです」

実際にＴＭ50の現場に携わった小菊はこう話す。

「若い選手たちと、彼らにかけていくという西村ＧＭの熱い思いがひとつになった取り組みでした。あの年は若手が大きなウエイトをしめて、チームとしては難しくなってしまったけど、そういうクラブのビジョンがあったからこそ、（藤本）康太や山下、酒本（憲幸）が今のチームの中心選手になり、真司はヨーロッパに行った。あのとき蒔《ま》いた種が花になり、またその花が種を蒔いてくれている、というのが今のセレッソだと思いますね」

ＴＭ50は、まさに未来への投資であり、将来の布石《ふせき》であった。

2007年「ハナサカクラブ」誕生

しかし、西村が情熱を傾けて取り組んだこの体制は、長くは続かなかった。２００６年シーズンを17位で終え、チームは再びＪ２に降格した。優勝争いの翌年に降格、というパターンは、前回（２００１年）とまったく同じ。「ジェットコースタークラブ」と揶揄《やゆ》されても、仕方がなかった。安定した戦力供給を考え、育成へのアクションを起こした直後の降格……

皮肉《ひにく》な流れだった。

そして、J2でのシーズンが始まってわずか2カ月後の2007年5月、西村は監督の都並敏史とともに、セレッソを離れることになった。

「J2に降格して、2007年のシーズン前に、主力選手のほとんどがチームを離れていきました。西澤が地元の清水エスパルスに行き、森島は首を痛めてチームを離れてしまった。不可抗力《ふかこうりょく》でした。そういうときのために前年に若い選手のチームを作っていた。そして、真司や曜一朗の出番がまわってきたんです。降格したから、とは私の口からは言えないけれども、そういう流れでした。1年で上がってまた1年で落ちるというようなチームよりも、若い選手を中心に、もがき苦しんでそれから3年かかって昇格して、それが今のチームのベースになった。代わって指揮を執られたクルピさんの力だと思います」

チームは降格した。しかし、一方で若い選手たちは確実に育っていた。彼らは、レヴィー・クルピの手によって、さらに磨かれていくのである。

「チームには若い選手が育っていますし、ユースカテゴリーも成長しています。サポーターの皆様、どうぞこれからもセレッソ大阪の応援をよろしくお願いいたします」

こんなメッセージを残してセレッソを去った西村が、最後に手掛けようとしていたのが、育成サポートクラブ「ハナサカクラブ」であった。西村とともに「ハナサカクラブ」の設立を進めていたのは、チーム統括部マネージャー（当時）の宮本功《いさお》だ。1994年までセレッソ大阪の選手としてプレーしていた宮本は、引退後にクラブスタッフとなり、1999年に一度、出向元《しゅつこうもと》のヤンマーに戻った。2004年11月に再びセレッソに出向、西村の部下として育成組織の再構築をサポート。2006年末ごろから、「ハナサカクラブ」を作るための根回しを始めていた。

「ハナサカクラブ」のポイントはいくつかあった。ひとつは、育成組織の選手たちの活動をサポートするのが唯一の目的であること。そして、お客様から協賛金（会費）をいただくこと。そして、最大の特徴は、いわゆる「ファンクラブ」とは一線を画し、会員への特典などはほとんどない、ということだった。

「社内では大反対されました。特に事業部では、『既存のファンクラブ組織との差別化が難しく、お客様の混乱を招く』という理由で、絶対に認めないという姿勢でした。また、本来チームを編成し、動かしていく役割のチーム統括部が、お客様からお金を集める事業を行なうのはおかしい、というスタンスでした。それはもっともな反対意見でした。当時は日本のサッカー界にそういう思想がなく、一部のクラブではすでに同じような組織の運営をしていましたが、あまりうまくいっていなかった。『セレッソでもうまくいくはずがない』と言われました」

宮本は当時のクラブ内の反応をこう回想する。何よりも、「育成型クラブ」という言葉が、セレッソの内部にはまだほとんど出てきていなかった。そもそも思想がなく、社内でメッセージすら発信されていなかった。そのなかで、いきなりアクションを起こそうとしたのだから、反発は当然だった。

「ただ、チームのほうでは、育成を何とかしていこうという機運《きうん》が出始めていた矢先のことだった。どうしても今スタートさせたい、という僕の考えを出原社長が最終的に受け入れて、決断してくれたんです」

こうして、2007年6月、「ハナサカクラブ」は誕生した。当時も今も、「ハナサカクラブ」の趣旨《しゅし》は変わっていない。

セレッソ大阪の育成組織（ユース、ジュニアユース、ジュニア、レディース）をサポートすることを目的に設立した、育成サポートクラブ（個人協賛会）です。多

くの人たちの力で、セレッソ大阪の未来に美しい花をたくさん咲かせたい、そんな思いが込められています。

サポーターの皆さまへのサービス、情報発信を目的としたファンクラブ（クラブセレッソ）とは意図が異なり、育成組織をクラブとともに長期的にサポートしていただくことを目的にしています。セレッソ大阪の育成組織で育った選手が、将来Jリーグで、日本代表で、さらには世界に活躍の場を広げていくことを目標に、皆さまとクラブがともに支えたいと考えています。

ご協力いただいた会費はクラブ運営費とは完全に分け、育成組織の活動をサポートするためのみに活用させていただきます。

このコピーは、私が作ったものだ。お客様といっしょにサポートしていくというスタイルはそれまでのセレッソにはない仕組みで、面白いと思った。社内の「どうせうまくいくはずがない」という雰囲気にも、逆に闘志をかきたてられた。宮本から仕事を依頼されたとき、レターヘッドに書かれたメッセージは、今でもはっきりと覚えている。

「育成型クラブ元年です。力を貸してください」

であった。

「ハナサカクラブ」のネーミングは、セレッソ＝「桜」、咲かせる、というところから連想してすぐに決まった。ロゴは、知り合いのデザイナーに依頼して作ってもらった。堅いイメージではなく、子供や女性にも親しみを持ってもらえるようなソフトな字体にし、花が咲いた木をあしらったものに決定した。

文字どおり、シンボルツリーが出来上がったことで、活動は一気に進んだ。初年度の会員特典は、協賛金1口3000円につきロゴが入ったステッカー1枚を進呈。そして、育成の活動レポートを掲載したブログの閲覧《えつらん》ができるというだけ（現在は会員以外も閲覧が可能）。あとは、「いい選手が育つことを楽しみにしてください」というわけだ。チラシを作り協力を呼び掛けたところ、ありがたいことに多くの方々が、協力してくださった。

クラブを離れていた西村も、協賛金集めに尽力した。

「高校の後輩に頭を下げに行って、何とか大口の協賛金を出してもらったことはよく覚えています」

また、サポーター有志に協力してもらって、オークションを開催したこともあった。初年度（２００７年）の会員数は１４９名、協賛金は１４９万６９３７円であった。

「初年度に１００万円を超えないと、２年目はないという空気が社内にはありました。だから、西村さんが頼んでくれた大口の協賛金はありがたかった。サポーターが自発的にオークションを開催してくれ、協賛金を集めてくれるという盛り上がりもあって、１００万円に到達できた。あれがなかったら、ハナサカクラブは1年でなくなっていました」（宮本）

２００８年1月20日には、第1回ハナサカクラブ活動報告会を開催した。参加したのは、宮本と育成総監督兼U－18監督の副島《そえじま》博志、U－12コーチの大畑開《かい》だった。南津守クラブハウスで行なった会は2部制で、第1部は活動報告会。２００７年度の収支報告として、前述の協賛金総額とともに、支出についても報告を行なった。内訳は、「U－18選手の食事補助」に2万４４５０円、「U－12フランス遠征費用補助」に50万円、「U－18スペイン遠征費用補助」に97万２４８７円であった。

このうちの、U－18選手の食事補助とは、U－18の3選手に練習後、選手寮において主に夕食を提供して、その費用の半分（1食あたり７００円の半額３５０円）を協賛金でまかなったもの。練習後のすばやい、しかも優れた内容の栄養補給がいかに重要かを説明するため、宮本は、寮で食事を摂っているある選手の写真（上半身裸のビフォア＆アフター）をスライドで示した。その明らかなカラダの変化に、会員の皆さんからはどよめきが起こった。

スペイン遠征のレポートでは、参加した全選手からのメッセージビデオを流し、会員の皆さんへのお礼を伝えた。副島監督は、遠征での選手の成長、現地での高い評価などを報告、「ハナサカクラブがあってこそ実現した」と感謝の気持ちを表した。

第2部は、会場をクラブハウス2階のカフェに移して、交流会を行なった。無料ではなく、参加希望者からワンコイン（500円）をいただき、軽食とドリンクを用意。クラブ側からは、副島と大畑、そして宮本が出席した。

「僕自身は、あの交流会を開くのがいいのかどうか、迷っていた。ただ、横井さん（筆者）が『やるべきだ』と強く推してくれた。やってよかったと思う」

と、宮本は振り返る。当時、サポーターとクラブの間はぎくしゃくしていた。J2に降格し、シーズンが始まってすぐに監督と強化担当責任者が同時に交代したなかで、良好なコミュニケーションが成立しているとはいいがたかった。にもかかわらず、見返りがほとんどないといっていい「ハナサカクラブ」にお金を出してくれた奇特《きとく》な皆さんがいる。その趣旨に賛同して、未来のセレッソに投資してくださる人たちなら、きっと味方になってくれる。たとえ有料でも、セレッソを思ってくださる人はいるはず。だったら、向かい合って、話をしてみるのがいいのではないか？　そう考えたのだ。

果たして、27人もの人が交流会に参加してくださった。

「僕も副島さんも、あのときはまったくガードを張っていなかった。僕自身は、選手上がりのままのオープンな感覚で、サポーターの皆さんと向き合えた。それが、皆さんに伝わったのかもしれない。お客さんはああいうスタンスで僕らが出てくるとは予想していなくて、新鮮に映ったと思います」

その後も、宮本はこのスタンスを変えていない。２００８年に事業部に移ってから開催することになる、「サポーター意見交換会」や「スタジアムお掃除イベント」、最近では「セレッソの森見学ツアー」や「セレッソの森清掃活動」でも同様だ。もちろん、現在の「ハナサカクラブ」の運営にも、そのまま いかされている。年に2回の活動報告会は絶やさず続けているし、アカデミーの試合の際には、会員限定でラウンジを設け、茶菓をふるまっておもてなしをする。

「サポーター参加型であり、皆さんといっしょに作っていく。特典は今もうたっていない。でも、最初の報告会と交流会、あの出発点は忘れたくないんです。コミュニケーションの部分はこれからも絶やさず、ずっと続けたいと思っています」

難関だった1年目を乗り切った「ハナサカクラブ」は、2009年に転機を迎えた。

育成型クラブへ舵《かじ》を切る

2008年にチーム統括部から事業部に移った宮本は、2009年の開幕前に、シーズンチケットの価格を改定した。つまりは値上げである。ただ子供（小学生・中学生）の価格は思い切って値下げし、大人の価格には一律に3000円をプラスした。「ハナサカクラブ」の協賛金一口分をすべてのシーズンシートに付帯《ふたい》させたのだ。

「僕にとっては賭《か》けだったし、あれがクラブとして絶対に後戻りできないターニングポイントでした。『ハナサカクラブ』を設立したときは、まだ育成型クラブというのはうたってはいなかった。J2に落ちたばかりだから、育成型にするしかないだろうということで、少しずつ進めたんですが、2009年のシーズンチケットに『ハナサカクラブ』を組み込んだ時点で、クラブは宣言をしたんです。すべてのお客様から『ハナサカクラブ』にお金をいただきますよ、と。同時に『育成型クラブ』として勝負するということを外に向けて宣言した。それが2009年でした」

当時は育成から離れていた宮本だが、育成の状況を把握し、2009年以降にどれだけの選手がトップに上がってくるか知っていたこと、またいつJ1に上がれるかわからないなかで、「ここで育成型として勝負をかけなければいけない」(宮本)ぎりぎりのタイミングだった。

「クレームも来ました。『育成にお金を払うつもりはない』『なぜ払わなきゃいけないのか』『なぜ選べないのか』とずいぶん言われました。でも、すべて押し切った」

2009年、セレッソ大阪は、「育成型クラブ」へと大きく舵を切った。

指導者の充実を図るため、トップチームで指揮を執った経験のある副島や、スペインでコーチングライセンスを取った中谷吉男《よしお》をU-18の指導者に招いたのもこのころだ。

山口蛍と丸橋祐介がトップチームに昇格したのは2009年。中谷が率いたU-18が、日本クラブユースサッカー選手権大会で優勝したのは、同年の夏だ。トーナメントに入ってからは、すべて延長戦に突入するという大激戦を勝ち抜いての快挙だった。

2010年には、現在も育成の現場をまとめるアカデミーダイレクター兼U-18監督の大熊が就任。扇原貴宏と永井龍が、さらに同年夏には飛び級で杉本健勇がトップへ上がった。その後もコンスタントに選手は育ち、プロデビューしている。少しずつ、蒔いた種は芽を出し、葉を見せ始めている。

年間チケットに「ハナサカクラブ」をプラスしたことで、協賛金は飛躍的に増えた。2013年度は8月末現在で1600万円に届こうとしている。支援活動のボリュームも飛躍的に大きくなり、安定した運営ができている。

だからこそ、前述した会員の皆さんとのコミュニケーションの部分は、忘れることなく大事にしたいと、宮本は言う。

「例えば、今年、育成出身から初めて日本代表選手が選ばれて、記者会見をしたとき、螢たちが、『ハナサカクラブ』のロゴのプレートを持っていた。常にお客さんへの感謝があり、いっしょにやっているという感覚が、底辺にあり続けることが大事なんです。システムとしてやっているなかでも、気持ちの部分はきちっとリスペクトしておきたいと思います」

今はセレッソを離れた西村も、成功を心から喜んでいる。

「私がいなくなったあと、宮本を中心として、セレッソはハナサカクラブをすごく大きな、機能する組織にしました。すばらしいことだと思いますね、外から見ていて。最初に携わることができて、自分は幸せだなと思います。それこそ種を蒔いただけでしたけど（笑）。そのあとのスピードは本当に速かったと思います」

「ハナサカクラブ」1期生　山口螢

2009年に丸橋とともにトップチームに入った山口は、「ハナサカクラブ」のサポートを受けた第1期生だ。同時に、プロ以外で選手寮に入った第1号でもある。

「中学3年生のときから、金曜の夜、土曜、日曜と寮に泊まっていました。次の年から入るから、体験みたいな感じで。平日は家からグラウンドに通っていましたね。2時間ぐらいかかっていました」

三重県名張市から通っていた山口の負担を少しでも減らそうというクラブの配慮《はいりょ》だった。

宮本は、当時を振り返る。

「初めてトップチーム以外の選手を寮に受け入れることになり、いろいろ変えなければならないことはありました。僕や西村さん、コーチの（清水）和男が交代で寮に泊まり込んでサポートしました。寮長の秀島弘夫妻の協力がなかったら成しえなかったことです。たったひとり、トップチーム以外の選手を受け入れるだけで、寮長夫妻には大きな負担を強いることになりました。そういう、大人たちが支えてくれている、感謝しなくてはいけないということを選手が知るのも大きかったと思います」

「寮にいたのは一番長いから、俺が一番お世話になっていると思います。寮を出るときは、寮長から、『螢は息子みたいなもんや』と言われました。6年以上ずっといっしょにいましたから。怒られたこともあります。ケガをしていたときに練習をさぼったり、松葉杖ついていたときに学校にわざと遅れていったりとかして」

と、やんちゃだった寮生時代を振り返る山口。寮長の秀島は、

「螢のことは、女房が親代わりになって世話を焼いていた。そのときはあまり恩を感じていなかったようやったけど、月日が流れたらわかったと思います。今は、感謝の気持ちを持てる大人になりました。螢には、『もっと努力することや、しっかり練習せい』『日本代表に選ばれたぐらいで満足していたらアカン、ワールドカップの日本代表になれるよう頑張れ』と言ってあります」

と、話す。

周囲の大人たちの愛情に育まれ、順調にU－15からU－18に昇格することが決まった山口だが、いよいよU－18へ入るというときになって、約1カ月半もの間、練習に出てこなくなった。

「なんでだったのかな。卒業したら大阪に行くのがわかっていたから、地元の友達ともっと遊びたかったのかもしれない。イヤなことはなかったけど、とりあえず練習に行きたくなくなって……」

心配したU－18監督の副島や、チームメイトがメールを送り、電話で声をかけた。やがて、山口は練習に戻った。

「練習に復帰してすぐだったけど、監督が試合に出してくれた。その期待に応えなくちゃいけないなという思いはありました」

高校3年生のときにはキャプテンになり、チームを引っ張った。1年後輩の扇原は、「螢くんは声でみんなを鼓舞《こぶ》するタイプではなかったのですが、プレーでみんなを引っ張ってくれました。なんといっても、ピッチ内での存在感がありました。とても頼もしかったです」と話す。

山口は、ハナサカクラブ支援事業として行なわれた第1回のスペイン遠征（2008年1月）にも参加している。

「レアル・マドリードなど強いチームと試合をして、差はすごく感じました。俺は18歳で、相手はカテゴリーが下で16歳ぐらいなのに、ぎりぎり引き分けという結果だった。世界はすごいなと思いました。向こうは基本ができているんです。止めて蹴るっていうのがうまい。そのスピードと正確さが全然違いました。体格も大きかった。**あの経験がなかったら、世界のレベルも、自分に足りないこともわからなかった。今にいきていると思います**」

　しかし、トップに上がってからも、決して平たんな道ではなかった。

「今のチームに比べると少し怖い空気があったというか、雰囲気はユースとは全然違いました。今は若い選手が多いし、皆フレンドリーにしてくれるけど、当時は年上の人が多かった。俺らは気後れしてしまったし、ちょっと遠慮《えんりょ》もあった。周りのレベルも高く、同じポジションのブラジル人選手もうまくて、なかなか試合に出られなかった。厳しいなとすごく思いましたね。でも、そのなかでも練習で得るものは大きかったです」

　ルーキーだった２００９年は、ほとんど出番はなかった。

「1年目は、練習試合などで、自分のポジションではないセンターバックやサイドバックで使われることも多かった。だからそのなかで、守備のほうもだんだん身につけていったというか……前目のポジションをやりたかったのはあるけれど、自分の技量だと厳しいかなとも感じていました。最終的には、今のこういうスタイルになってよかったなと思っています。U－18時代のスタイルのままでいたら、今も試合には出られなかったかもしれないです」

U－18のときは、攻撃的MFで、トップに近い位置で攻撃を司《つかさど》るプレーを得意としていた山口だが、プロになって少しずつプレースタイルが変化していったと、コーチの小菊は分析する。

「U－18のときから、瞬間的な球際《たまぎわ》の強さとか、ランニングの力強さは非凡なものがありました。ミスが非常に少ない選手で、将来が楽しみだと思っていました。ただ、それが単発で終わることが多く、連続して攻守ともにボールにかかわるというところが、足りなかった。螢はチャンスをもらえなかった時期が長かった選手でした。完全にメンバー外だった時期が2年半ぐらいありましたかね。その間に、いろんなポジションをやらされるわけです、器用だから。本人はストレスがあったと思います。でも、ひたむきにやっていました。そのなかで、自分のプレースタイルを模索《もさく》して、今のああいうプレースタイル、ボールを奪う楽しさとか、連続してプレーにかかわる楽しさみたいなのを感じ始めていました。そして、サテライトでは王様のようになり、チャンスをもらえるようになりました。でも、いざトップの試合になると、経験不足のせいかメンタルのコントロールがうまくできず、持っている力を100％出せなかった。チャンスをもらう、でも結果を出せない、またメンバー外になるというのを繰り返していました」

そんな山口に転機が訪れた。U－23日本代表の関塚隆監督との出会いだ。サテライトの選手が出場していたステップアップリーグの試合を関塚監督が視察に訪れたのは2010年9月19日のことだった。

「螢はいつもどおりのプレーをしていました。それを見て、関塚さんは『びっくりした』と言ってくださった。『いつもあれぐらいやっています。また見てやってください』と話をしたのを覚えています」

と、小菊は言う。

2010年11月のアジア競技大会に出場するU－21日本代表に選出された山口は、2年後のロンドンオリンピックまで、レギュラーとしてプレーすることになる。

「関さんが、今のプレースタイルのほうが合っていると言ってくれて、そういう役割を与えてくれました。オリンピックもそうだけど、それまでの2年間の代表での活動が大きかったと思います」

山口の言葉どおり、その間の成長は目覚ましかった。中盤での危機察知能力、守備センスは抜群で、運動量も豊富、さらに機を見て前線に飛び出すプレーも目をみはるものがあった。セレッソでも2011年の後半から先発出場を増やし、2012年には完全にレギュラーポジションを手にした。中盤には絶対に欠かせない選手になった山口は、ロンドンオリンピックに出場、ベスト4入りに貢献した。

「ずっと見てきた僕らから見れば、螢はいつ花が開いてもいい状態だったんです。あとはタイミングだけ、螢自身がスイッチを入れ切れないところがありました。僕らは『近い将来、大輪の花を咲かせるだろう』と確信していました。本当にいいタイミングでオリンピックの代表に呼んでもらって、試合に出て自信をつけた。そしてセレッソでもいいパフォーマンスができるようになった。ずっと貯めていたマグマが、一気に爆発したんです。それが、オリンピックでの活躍にもつながったと思います。まったく不思議ではないし、ようやくそういう時期が来たんだ、という思いでした」（小菊）

そして、2013年7月、山口は日本代表メンバー入りを果たした。EAFF東アジアカップ2013を戦うメンバーに、柿谷、扇原とともに選出されたのだ。セレッソの育成出身選手として初めて、しかも3人揃ってという快挙《かいきょ》だった。

「中学生、高校生と、ずっとセレッソの育成で育ってきて、セレッソに対する愛情というのは、人一倍強いですし、そんな育成で育った選手が代表に選ばれたということは、自分のなかでもすごく意味のあることです。サポーターやファンの人にとっても、すごく意味のある

東アジアカップでは山口螢（左）、柿谷曜一朗（中央）、扇原貴宏（右）が日本代表にデビュー。山口は大会MVP、柿谷は3得点で得点王と優勝に貢献した。（写真：松岡健三郎／アフロ）

ことだと思うので、これからどんどんそういう選手が出ていけるように、自分たちがしっかりと頑張っていければいいと思います」

記者会見ではこう喜びを表現した山口。出場した東アジアカップでは、全試合に出場し、大会MVPに輝いた。その後も、8月と9月のキリンチャレンジカップ、10月のヨーロッパ遠征と連続してメンバーに招集された。

「自分としては、代表に選ばれるのはもう少し先かなと、自分の狙うワールドカップは2014年の次かなあと思っていました。だから、かなり早い段階で選ばれたかなと思います。ただ、今はセレッソで結果を出すことを最優先にしています。代表に入れるのも、セレッソで結果を出しているから。セレッソでタイトルを取れば、また注目してもらえると思います。今、こんなに育成出身の選手が多くなるなんて、以前は考えられなかった。クラブとして、取り組んでいる成果が出てきていると思います。チームのレギュラーの半分以上が育成の選手というチームでやってみたいですね」

山口の今の目標は、ただひとつ。

「セレッソでの優勝です。その目標を果たせば、その先が見えてくると思う。前は、できるだけ早く海外に行きたいという思いもあったけど、最近はあまり考えていないです。オリンピックに出て世界との差も感じたし、まずはセレッソでのタイトルを取ること。できれば、長くこのクラブでプレーしたいという思いもあります」

不動のレギュラーをつかみ、日本代表に呼ばれるようになっても、山口は変わらない。時間があれば、オフの日でもサテライトの試合は必ず観戦に行くし、レディースの試合を見に行ったこともある。

「蛍は、とにかくまじめ、そして本当に負けず嫌い。そしてサッカーが大好き、セレッソが大好きなんです。だから、自分が休みでも、サテライトやレディースの試合を見に行くんで

しょうね。かつて自分がその場所で感じた空気に触れて初心に戻ったり、若い選手が必死にチャンスをつかもうとする姿を見ることで、リセットできたりするんじゃないでしょうか。僕らからしたら、『休めよ』と言いたくなるんですけどね（笑）。持っているものを出せれば、まだまだ伸びると思います。まだまだ伸びないといけない選手です。サッカーのためなら、いろんなことを犠牲にしてでも、コツコツと努力できる、数少ない選手なんです。口で言うのは簡単なんですが、それは本当に強い人間しかできない。でも、螢はそういう選手です。本当にサッカーで成功したい、という野心を持っている。つかんでもつかんでも、まだ上をつかみに行ける。だから可能性はまだまだあるんです。より経験を積んで、確たる自信がついたときは、日本のトップの、日本代表のなかでも中心選手になれる。これからチームを引っ張って、タイトルをつかんだりということになれば、また爆発するのでは……まだ何回も爆発する要素を持っていますよ。さらにプレーの質を上げていくことができれば、もっとよくなる。セレッソだけじゃなくて、日本を代表するボランチ、ナンバーワンのボランチになる」

小菊は大きな期待を寄せている。そして、こうも言う。

「実は、セレッソを陰で支えているのが、螢なんです。表に出ているのは曜一朗でも、見え

ないところで、チームバランスも含めてピッチ内外で貢献している。後輩にもいい距離感を持って指導しているから、螢にあこがれる選手も多いです」

常に注目され、周りに人が集まる柿谷が太陽だとしたら、ひっそりと、しかし煌々《こうこう》と輝く月のような存在、それが山口なのかもしれない。

「ハナサカクラブ」の第1回目の活動報告会で披露された「上半身裸の写真」は、山口のものだった。寮で食事補助を受けたことで、カラダは別人のように変化し、現在のパフォーマンスにつながっている。山口は、「みんなで育て、みんなで咲かせた」第1号の選手である。

優等生　扇原貴宏

山口の1年後輩にあたるのが、扇原だ。U－18時代から、ディフェンスのオールラウンダーであり、精度の高い左足のキックは高い評価を受けていた。トップチームに昇格した1年目（2010年）は、ケガ（右腓骨病的骨折《みぎひこつびょうてき》）を繰り返して手術を受けたため、ピッチに立つことはできなかったが、山口とほぼ同じ、2011年の後半から先発メンバー入りし始め、2012年からはレギュラーに定着している。

幼稚園からサッカーを始めた扇原は、小学校3年のときに1年間、セレッソ大阪のサッカースクールに通った。それがセレッソとの出会いで、小学校6年でスカウトされて、U－15に加わった。

「育成の指導者はみんな思い出深いです。いろいろな人にいろいろなことを教わったので、誰かひとりをあげるのは難しいですが、クラブユースで優勝したこと（2009年）は、すごく印象に残っています。そのときの監督だった中谷さんは特に印象に残っている指導者のひとりです。すごくいろいろなことを教えてもらいました。中谷さんは、スペインでも指導者をしていたので、ヨーロッパのサッカーを知っている人。ひとつひとつのプレーにおいて、要求が高かったですね。しょうもないミスをするなということは口を酸《す》っぱくして言われました。ポジショニングひとつ、球際ひとつについても、厳しく言われました。プロになってから、中谷さんが言っていたのはこういうことだったのか、と思うこともありました。U－18のときに言われていたことなので、プロになってレベルの高いところでやることになっても、苦しむというか、そういうのはなかったです。高校時代にそんな指導者に巡り合えたのはよかったと思います」

2011年8月28日に、ホーム・大阪長居スタジアムで行なわれた浦和レッズ戦で、プロ初ゴールをあげた。家族と初めてセレッソの試合を見たのが長居。そのスタジアムでの決勝ゴールに、無邪気な笑顔を見せて喜んでいた。

「長居スタジアムでプレーすることは、小学生のころからの自分の目標でした。あのピッチに立って、サポーターの声援を受けてプレーできる喜びは特別。今でも興奮します」

いい思い出だけではない。その年の10月5日、折しも20歳の誕生日の当日。ナビスコカップ準々決勝の浦和レッズ戦で敗れたあとには、スタンドからピッチに投げ込まれたペットボトルを投げ返すという行為をしてしまった。

「絶対にしてはいけないことでした。申し訳ありませんでした」と謝罪し、反省の気持ちを込めて頭を丸刈りにした。２試合の出場停止が明けたジュビロ磐田戦では、２ゴールをあげて勝利に貢献した。

「試合前からサポーターの皆さんが温かく迎えてくれて、声援を送ってくれていた。そのためにも絶対に勝ちたいと思っていました」

いいことも、悪いことも乗り越えた扇原は、２０１２年に、山口とともにロンドンオリンピックに出場した。さらに、２０１３年は日本代表にも初選出された。

「東アジアカップに行けてよかったと思いました。大会期間はすごく短かったですけど、一体感があって、すごくいいチームでした。だからこそ優勝ができたと思います。これからも、代表に入れるように、頑張っていきたいと思えるようになりました。そういう意味で、いい経験になりました」

育成出身の後輩も増えている。1年下の杉本、今年は南野拓実、秋山大地《だいち》、小暮大器《だいき》、岡田武瑠《たける》（２０１３年5月から長野パルセイロに期限付き移籍）も昇格してきた。

「楽しい気持ちもありますし、刺激にもなる。ホント、いい循環になってきていると思います」

扇原も、山口らとともに、ハナサカクラブの支援でスペイン遠征を経験している。

「普通、高校生でレアルの下部組織のチームと試合ができるなんて、あまりないことです。そこで、ヨーロッパの選手がどれだけうまいのかを感じられたのは大きかったです。自分より1歳か2歳年下の選手なのに、なんでこんなにうまいの？　と感じたことは、自分の成長につながったと思います」

それだけに、ヨーロッパへ渡ったセレッソの先輩たちの活躍はまぶしく映る。

「サッカー選手である以上、誰もが成長し続けたいと思うはず。セレッソから、あれだけ多くの選手が海外に行っているのだから、刺激も受けますし、僕もいずれは、という気持ちがあります。期間は短かったけど、真司くんや乾くんたちともいっしょに練習できましたし、そういう人たちが向こうで活躍しているのはすごいなと思います」

しかし、その前にやらなければならないことがある。セレッソで優勝すること、だ。

「それは全員が思っています。**セレッソでタイトルを取って、歴史に名前を刻みたい。タイトルを取るという喜びを、サポーターやクラブの人たちみんなで分かち合いたいと思います。**僕が入ったころと比べると、ファンの人たちがものすごく増えました。それは、曜一朗くんや蛍くんが代表に呼ばれて活躍しているからだろうし、セレッソというクラブが注目されて、試合にも多くのお客さんが来てくれています。こういうときにこそしっかり結果を出して、根強いサポーターになってもらえるようにしたい。もっともっと数が増えて、一時期だけじゃなくて、ずっと見に来てくれるように、これからも長くセレッソ大阪を応援してくれる人が、ひとりでも多く増えてほしいです。そうすれば、大きいクラブになっていける。そうなるためには、今がチャンス。こういうときこそ結果を出さなければいけない。頑張ります」

寮生だったころ、秀島寮長が「しっかりしている。一番信頼できる」と太鼓《たいこ》判《ばん》を押していた、優等生ぶりは今も健在である。

脅威《きょうい》のティーンエイジャー、南野拓実

南野は、今年トップチームに昇格した。といっても、昨シーズンにはすでに2種登録（高校生年代）の選手として、J1リーグ終盤の3試合に出場している。レヴィー・クルピの大胆な采配により、残留のかかった大事な試合で起用されたのだ。

プロデビューは、第32節の大宮アルディージャ戦。1－2とリードされたなかでの途中交代だったが、結局追いつくことはできず逆に追加点を許して敗れた。勝てば残留が決まった試合だっただけに、痛恨《つうこん》の敗戦だった。

「自分があの時間帯に入ったのは巻き返すため。1－2で負けている状況だったので、攻撃的なポジションの自分には、入ってから2－2、3－2にしていく役目があった。それなのに失点して、負けてしまった。自分の仕事は果たせていない。**プロなのだから、デビュー戦とかは関係なく、戦力としてやっていかないとダメ。まだまだ流れを変えるところまでは行けなかった**」

そうコメントする様子は、悔しさを通り越して、怒りさえ感じさせた。

「ユースでやっているときと比べたら、観客（の様子）が全然違うし、雰囲気が最高だった。あらためて、こういうところでやっていかないといけないと実感しました」

とも話していた。

2歳年上の兄がU－15に在籍していたこともあり、幼いころからセレッソには親しみを感じる環境にあった。

「セレッソが大好き、はっきりいってセレッソファンでした（笑）。旗《はた》も持っていましたし、Jリーグを見にいくというと、セレッソの試合。最初に見たのは、小学3年生ぐらいかな。森島さんや西澤さん、嘉人さんが出ていました。森島さんが出場してゴールしたワールドカップも見ていましたよ。そのときは、漠然と見ていましたけど、兄貴がタカ（扇原）くんと同期で先に入っていたので、プロになるにはここに入るのが近道だとずっと思っていました。家族もそう思っていて、家から通える距離という点でもセレッソしかなかったんです」

育成でも常に中心選手としてプレーし、各年代の代表にも途切れることなく招集されてきた。セレッソでも順調に育ち、トップにも昇格した。いわばエリートなのだ……と思いきや、本人はそうは思っていない。

「違いますね。自分のターニングポイントは、高2（2011年）のU－17ワールドカップなんです。大会では、準々決勝でブラジルに負けた。2－3でしたけど、僕は全然何もできなかった。まったく納得がいかなかったんです。このままじゃアカン、今のままじゃ絶対にダメやと思った。ここじゃない、このレベルじゃなくて、もっと上のレベルを意識してやらないと、世界のやつらとは戦えないなと痛感したんです。そして、日本に帰ってきたら、同世代の選手、サンフレッチェの野津田《のつだ》（岳人《がくと》）やエスパルスの石毛（秀樹）が、トップチームと契約したり、Jリーグの試合に出たりしていました。焦る気持ちというわけではないですが、去年デビューできたことはうれしかったですけど、自分としたら、遅かったというぐらいの気持ちでした。『来年は開幕スタメンで、バリバリのレギュラーでやるぐらいの気持ちじゃないとアカンな』と思っていました。プロ1年目だから……という気持ちはまったくなかったです」

U－18のころから、メンタルの波がきわめて少なく、あってもパフォーマンスに影響することがほとんどないとされていた。プレー面はもちろん、精神的な強さでも抜きんでたものを持っていた南野は、まさにプロ向きといえた。そんな彼に育成の指導者たちは、あえて厳しく接した。

「育成のスタッフが、ホントに経験と実績のある方ばっかりだったので、そういう人たちのアプローチのおかげで今の自分があると思っています。トップに行くだけじゃなくて、上がって活躍して、世界に通用する選手になることを目指してアプローチしてくれていて、『そういうところを常に意識しろ』と言われていました。だからこそ、今の自分があると思います。すごくいいチームだったと思います」

育成時代は、ほめられることがほとんどなかったと苦笑いするが、感謝する気持ちに変わりはない。南野は、ハナサカクラブの支援による海外遠征には、フランスとドイツ・オランダの2回参加している。

「海外経験はあまりできるものではないなかで行かせてもらって、自分がどれだけやれるのか、すごく楽しみな気持ちで行きましたし、実際に遠征では手ごたえをつかむことができて、それを早くチームでいかしたいという気持ちで日本に帰ってきたのを覚えています」

自身のプレーについて、南野本人は、

「攻撃のところでゴールにつながるプレー、ターンからシュート、ドリブルからシュート、というのは自分のひとつのパターン。それは自信を持っています」

と言う。

「常にゴールを意識している点は、本当にすばらしいストロングポイントですね」

というのは、小菊だ。

「技術的にいうと、真司や曜一朗の18歳のときのほうが上だし、繊細なボールタッチやパスの精度などを比較したら、彼らのほうが優れているといえることはたくさんある。でも、例えばゴールに向かう姿勢、シュートテクニック、シュートを決めるセンスを含めたトータルでとなると、一番怖い選手は拓実なんです。うまいとか速いじゃなくて、怖いという点で比較すると、断然拓実のほう。ゴールを常に意識していて、ランニング、ファーストタッチ、攻守の切り替えもそうです。技術、判断のところで課題はあるかもしれないけれど、それが伴ってきたときには、彼らより結果を残す可能性はあります。教えることの難しいゴールへの嗅覚《きゆうかく》や、どん欲さや予測というものを持っている、真のストライカーなんです。加えて、勝氣《かちき》。それもプロの選手として持っていなければいけない要素です。意外と持っていない選手が多いんですけどね。今まで海外に旅立った若い選手たち、真司、貴士、キヨ、みんな勝気だったけど、一番エゴイストなのは、拓実かなという感じがします。それだけ自信があるということでしょう」

今年7月26日に行なわれた、マンチェスター・ユナイテッドとのプレシーズンマッチでは、南野はその才能を存分に発揮した。相手のディフェンスに猛然とプレスをかけてマイボール

18歳でレギュラーに定着した南野拓実。

にすると、杉本のゴールをアシストした。さらに1－1にされた後半には、「しっかりミートして、狙ったところに入ったので、よかった」という会心のゴールも披露した。満員の長居スタジアムで、誰もが13番のプレーに酔った。

「すごいいい経験になりました。自分の力を測るには、いい場所だったというか、日本にいたらなかなか経験できないチャンスをもらって、そのなかで1ゴールを取れたというのは、自信になりました。ああいう雰囲気が味わえたというのは、サッカー選手として幸せなことでした。あの試合では、90分間、1秒も無駄にしたくなかったし、全力でぶつかって、何かやってやろうと思っていました。多分、セレッソの選手はみんなそう思っていたと思います。相手はエキシビションマッチだったかもしれないけど、こっちの意気込みはリーグ戦とまったく変わらなかった。**僕も『食ってやろう』というぐらいの気持ちでやりました**」

将来はヨーロッパでプレーする、そう決めている。

「いつかは、ヨーロッパ、ドイツに行きたいです。観客動員数はドイツが世界ナンバーワンなんです。セレッソで海外遠征に行かせてもらったときに、スタジアムを見学させてもらって、そこで強く思いました。このスタジアムが満員になるんや、ここで点を取ったら、めっちゃ気持ちいいやろうな、と」

それは、いつ？　そう訊ねると少し困った顔になった。

「それを言うと、セレッソの人に悪いから……」

ためらいながら打ち明けたのは、こうだった。

「行けるならすぐにでも、今年のオフにでも行きたい。でも、セレッソで結果を残してからです。**自分を育ててくれたチームにまだ何も返せていないですから。タイトルを取って、恩返しをしてから**」

夢としてではなくて、進路としてヨーロッパ行きを考えているという南野。この年代では、それがもうスタンダードな考え方になっている。

2013年の夏は、マンチェスター・ユナイテッド戦とともに、もうひとつ南野の心をときめかせる出来事があった。乾、清武、香川、ヨーロッパで活躍する3人が練習グラウンドにやってきたのだ。

「1対1で話すチャンスはなかったですけど、みんなとしゃべっているなかに入って、接することができました。あんな人たちと会えることなんて、絶対ないじゃないですか、他のチームだと。あんなふうにセレッソに帰ってきて、みんなが温かく迎えて、練習にいっしょに入って……すごくいい環境だし、世界でやっている人たちといっしょに練習できるなんて本当にいいチームだなと思いました。それに単純にカッコイイじゃないですか。いつかは自分も、と思います」

プロ選手になるために生まれてきたような南野。それは当然かもしれない。彼が生まれた1995年はセレッソがJリーグに参入した年。サッカー選手＝プロ選手という意識が最初から刷り込まれているのだから、強い。

宮本功の次なる一手

２００９年以来、育成から途切れることなく選手がトップ入りし、レギュラーポジションをつかんできた。そして、２０１３年Ｊ１リーグ第28節の大分トリニータ戦では、ついに6人もの育成出身の選手たち、柿谷、山口、丸橋、扇原、杉本、南野がスターティングイレブンに名前を連ねた。２０１２年のロンドンオリンピックには、山口、扇原、杉本と3選手が出場し、２０１３年7月には、育成出身として初めての日本代表選手、柿谷、山口、扇原が誕生した。育成組織の運営は順風満帆《じゅんぷうまんぱん》に見える。

しかし、アカデミーの最高責任者である宮本は、「その先」を考えている。今、見えていることは、5~7年前に手を打ってきたことの結果だからだ。今は、5年後、10年後に向けた布石が着々と打たれている。

２０１０年には、チームを運営する大阪サッカークラブ株式会社とは別に、一般社団法人セレッソ大阪スポーツクラブを設立し、まずサッカースクールや健康教室を行なう普及部門を株式会社から移管《いかん》した。そして、２０１２年には、育成部門も同様に一般社団法人に移した。

「トップチームはプロである以上、毎年結果を残さないといけない。でも、選手を育てる育成は、5年、10年と時間をかけて取り組んでいくもの。株式会社よりも、非営利型の組織のほうが向いている」

今は、この一般社団法人の代表理事となった宮本は説明する。アカデミー（普及、育成）を別の組織にしたことで、トップチームの成績や経営状態に左右されることなく安定して選手を育て、トップチームに送り込む環境ができた。

今年完成した舞洲の練習グラウンドとクラブハウスも、このセレッソ大阪スポーツクラブが建設し、管理している。アカデミー（普及、育成）部門を株式会社から切り離したのを機に、育成型クラブのあるべき形は、スピードを増して作られようとしている。

「考え方が他のクラブと違うのは、僕がヤンマーで、あるエネルギーシステムの市場導入をやらせてもらった経験があるからかもしれない」

メーカーで製品を作った経験が、今の仕事にいきていると、宮本は言う。

「普通、アカデミーで選手を育てるために育成の責任者が行なうのは、いい選手を探して、いい指導者を呼んでくる、そして一生懸命育てること。もちろんそれは必要なことです。でも、どこで練習をするのか、建物を建てたりグラウンドを作ったり、その他の環境を整えたり必要なものを作ったり、ということまではしない、できないんです。与えられた場所で、与えられたお金でしか、できない。僕のアプローチは違う。トップチームにつながるU－18のところはもちろんしっかりやる、その下のU－15も地域ごとにたくさん選手を見つけられるように3チームを運用する、さらにスクールのなかにエリートクラス（選抜クラス）を作って優秀な子供を指導する、エリートクラスは今後さらに数を増やしていく。U－18の選手たちをサポートするために選手寮を作る、食事を改善するプロジェクトを行なうために管理栄養士と契約する。ケガをした選手たちのリハビリをするための施設を作る、子供たちの学校についてもクラブとして何かできないか模索する……そういうすべてをトータルで作り、組み上げていこうとする考え方です」

そのための環境が必要だからと、前述のように株式会社から部門を離して社団法人化した。そして、事業を支えるための資金も準備する。すでに動いていた「ハナサカクラブ」の協賛金で、活動費用をまかなう。さらに2012年6月からは、「セレッソの森プロジェクト」を立ち上げた。これは、「～セレッソ大阪と桜を咲かせよう～セレッソ大阪スポーツクラブセレッソの森プロジェクト」として、寄付金を募《つの》るもの。ここで得た寄付金は、舞洲のクラブハウスなどの施設の改修や周辺の植樹《しょくじゅ》や緑化に使われている。クラブハウス周辺はすでに

横井素子が選ぶ。

セレッソ大阪、10のターニングポイント

1994 10.20

JFL優勝、Jリーグ昇格へ

117分、見崎充洋のVゴールで藤枝ブルックスを下し、Jリーグ昇格を手中に。あの一体感と無限のパワーは今もクラブを支えている。

長居の悲劇Ⅱ

西澤明訓の渾身のゴールも及ばず、悲劇は繰り返された。アディショナルタイム、FC東京・今野泰幸の同点弾に願いは打ち砕かれた。

2005 12.3

2000 5.27

長居の悲劇Ⅰ

43,193人が見守った熱戦は、106分の川崎・浦田尚希のVゴールで悲しすぎる幕切れに。西澤明訓のビューティフルボレーも実らなかった。

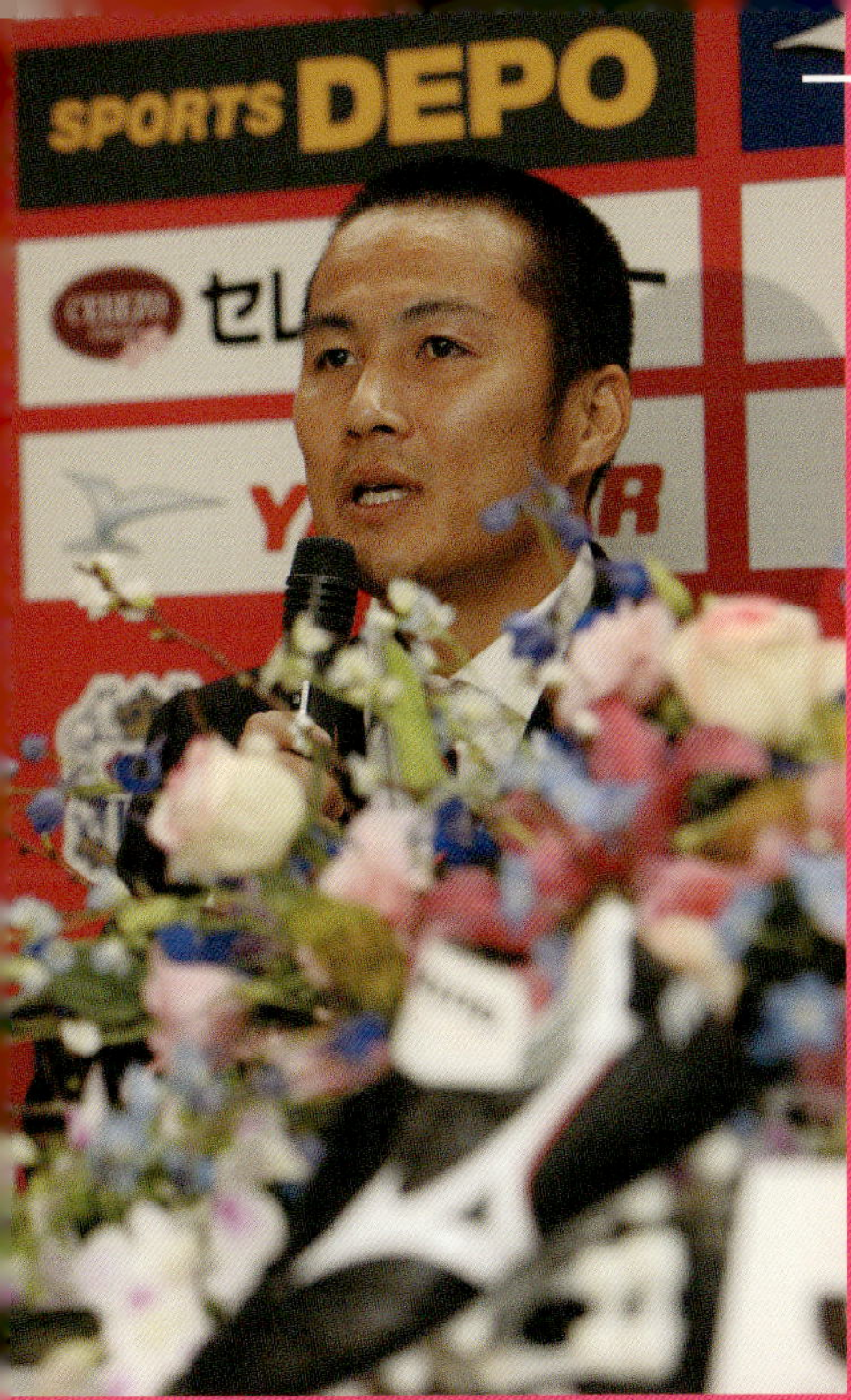

2008 10.31

森島寛晃 現役引退

「自分の来季というものがなかなか見えてこなかった」。首の痛みで現役続行を断念したミスター・セレッソが涙の引退会見。

3年ぶりにJ1復帰、西澤明訓 現役引退

乾貴士が4得点と大暴れしてJ1復帰が確定、歓喜に沸くスタジアムで西澤明訓が突然の引退表明。見守る森島らが複雑な表情を見せた。

2009 11.8

2010 5.15

香川真司
ドイツへ

「どこに行っても応援し続ける。大きくなってまたセレッソで」。サポーターの温かいメッセージに送られ、ドルトムントへ移籍した。

最終節で ACL出場権獲得

ジュビロ磐田を6-2で破って、3位に！ クラブ史上初、アジアの舞台への進出が決まった。新しい歴史の扉が開いた瞬間だった。

2010 12.4

2011 5.24

初のACL、ラウンド16でガンバ大阪を破る

ライバルを敵地で沈めたのは、88分、高橋大輔のゴール。選手、スタッフ、そしてサポーターがひとつになり勝ち取った快挙だった。

柿谷曜一朗、8番で開幕ゴール

扇原貴宏のパスに抜け出し、新8番が決めた。「サッカー人生で一番うれしかった」。胸の「8」を指さし、喜びを爆発させた。

2013 3.2

2013 7.15

アカデミーから初の日本代表選手誕生

柿谷曜一朗、山口螢、扇原貴宏が東アジアカップの日本代表に揃って選出された。3選手が同時に代表入りするのはクラブ史上最多。

植樹が進み、クラブハウス内には寄付を行なった個人、法人、団体のネームプレートが掲出されている。

2014年度に向けて、宮本が取り組んでいるのは、舞洲のクラブハウス内に「セレッソの森ラボ」(仮)を作る事業だ。

「ラボは、ケガの予防とリハビリを行なう鍼灸《しんきゅう》整骨院の機能を持ちながら、トレーニングのための科学的な計測と分析機能を併せ持ちます。アカデミーのトレーナーは、はり師、きゅう師、あん摩《ま》マッサージ指圧師、看護師、理学療法《りょうほう》士、アスレティックトレーナーの資格を持った人材が揃っているので、柔道整復《せいふく》師の資格を持っているスタッフを1人加えることで開院が可能になる。育成とトップの選手を診ながら、外から来る子供たちの保険診療をする予定です。機器はJリーグのなかでも、ずば抜けたものを揃えます」

Jリーグで予防・リハビリ能力の一番高い「ラボ」にしたい。宮本はそう考えている。

もうひとつ、アカデミーのなかでスタートさせたいとしている新しいプランがある。宮本はそのイメージをこう説明する。

「U-18の選手たちをより多くトップチームデビューさせることを目的として、アカデミーのなかでさらに鍛えたいと考えています」

発想のきっかけは、U－18や高校を卒業してトップチームに入った選手たちが、レギュラーに定着するまでに費やした年数を調べたことだ。今はレギュラーに定着している丸橋、山口、扇原たちも、平均すると昇格後3～4年を要している。ならば、引き続き徹底的に鍛えよう、という考え方だ。

「できれば、2006年に行なったTM50と同じものをやりたい。練習試合とステップアップリーグで年間50試合を行なう」

2006年に香川、山下、柿谷らを鍛えたあのプロジェクト、TM50を復活させたいというわけだ。

「U－18の選手もそこで活動することができるし、そうすればより高いレベルで試合ができる。同じようにU－18にU－15の選手を上げる……というふうにしていけば、育成のスピードは上がる」

宮本の頭のなかには、すでにアカデミーのあるべき姿が描かれている。それを具体化し、時間軸をプラスして動かしていく、それはさながら「セレッソ大阪アカデミー」という物語を紡いでいるかのようだ。

「あらゆることを、まじめに深くやっていく」

２００４年にセレッソへ戻って以来、宮本の考え方は変わらない。ゆくゆくは、クラブハウス内にある学校やクラブハウスに隣接したレストラン、さらに新しいグラウンドや大きな駐車場を……構想はさらに広がっていく。

柿谷は「最高にカッコイイお兄ちゃん」

「セレッソの森」のグラウンドには、セレッソでプレーし世界に羽ばたいた、香川や乾、清武がやってくる。柿谷、山口ら育成出身のスター選手をはじめトップチームの選手たちが日々練習に汗を流している。プロ選手を夢見る子供たちも、すぐそばでボールを蹴っている。

十数年前、柿谷が森島にあこがれ、将来に思いをはせていたように……。

柿谷は、クラブハウスで見かけたU－12の子供たちに気さくに声をかける。

「今日は練習？　試合？」

「試合です！」

直立不動で答える目がキラキラと輝いている。

「サインください！」

「ええよ、いつでもサイングらいしてあげるよ」

子供たちは満面の笑みを浮かべ、試合そっちのけで柿谷のところへ走ってきそうな勢いだ。

「僕が子供のころ見たトップの選手はちょっと怖かった。何か言われたから怖いのじゃなく、愛想がなかった。でも、それが普通ですよね、『ハイ、お疲れさん』みたいな感じで。そういう経験がある分、逆に僕から話しかけたりします。子供らは選手としゃべりたいと思っているはずだし、僕らといっしょにサッカーをしたいと思ってほしい。挨拶しても返してくれない人とは、いっしょにやりたいとは思わないじゃないですか。ああいうお兄ちゃんカッコイイな、と思ってもらえるようになりたい。僕はそういう気持ちでサッカーをやっていたから」

4歳からセレッソで育った柿谷は、今、子供たちにとって「最高にカッコイイお兄ちゃん」に成長した。

宮本は以前、「曜一朗のように、もがきながら成長していくのもいい。よくも悪くもセレッソらしい、挫折をしながらも立ち上がり、這い上がっていくような強い子供が育てられればいいのかなと思う」と話していた。

時間をかけて、人が育っていく様子が楽しめる。それもセレッソらしさのひとつである。

第4章

ジーニアス・柿谷曜一朗

セレッソ大阪スクールの王様

2013年のJ1リーグ開幕戦。0－0で迎えた終了間際の88分、扇原のロングパスに抜け出した柿谷が右足でボールをすくい上げるようにしてゴールに押し込んだ！　終始アルビレックス新潟に押されながら、この一撃でセレッソは開幕戦を勝利で飾った。J1では実に1999年以来の開幕勝利だった。

「今でもめっちゃ、震えます。朝起きたときとか、時間のあるときに家でこのシーンのビデオを見返すんです。タカからボールが来て、僕がシュートした瞬間、音量を上げると、観客のワーッという声が部屋中に響いて、鳥肌《とりはだ》が立つんです」

サッカー人生で一番うれしかったのだという。サッカーを始めて20年目、プロになって8年目。ようやく、柿谷にまばゆい光が当たった瞬間だった。

わずか4歳、幼稚園の年中でセレッソのエンブレムを身につけた柿谷。Jリーグの開幕をテレビで見て「僕もこれに出たい」と言ったのがきっかけで、セレッソのチームバスから選手が手を振り返してくれたのがうれしくて、サッカースクールへ入ることを決めた。

セレッソ大阪スクールコーチの高橋正則は、当時の様子をよく覚えている。

「曜一朗は、4歳で入ってきてすぐに上の学年のクラスに入っていました。ただ、ボール扱いのうまさは普通ぐらい。キックもそれほどうまくはなかったです。基礎的な技術は人並みでした。でも、センスや戦術的なものは当時から持っていました。そして、運動能力は非常に高かったです。幼稚園の年中、年長ぐらいの子供は、ほとんどサッカーは理解できないので、試合をするための準備段階として、柔軟性を養《やしな》うための練習、例えば鬼ごっこなどをします。よりサッカーに近い、見るとか判断とかの要素が入っている形にするんですが、彼にはそのトレーニングは必要なかった。絶対に捕まらないし、鬼になったらすぐに捕まえてしまう。敵がいないんです。だからつまらなかった。でも、彼に合わせてしまうと、他の子供がついていけなくなる。だから、すぐに『飛び級』でした。動きはすばしっこくて、まるで猫みたい。人間に見つかって、逃げていくようなそんな動きでした。速くて柔らかい。それは今でも残っていますね」

技術的には決して抜きんでた存在ではなかった幼いころの柿谷。本人も、

「同じ歳ですごくうまい子がいて、最初は全然楽しくなかった。練習に行きたくなくて、よく泣いていていた」

右から４人目。コーチの前に座っているのが柿谷少年。

と、話す。

小学校に入ると、特長が少しずつ見え始めたと、高橋は話す。

「リフティングは10回、20回できるかな、という程度でした。3年生ぐらいになると、うまい子なら、100回、200回、500回とできるようになってくる。でも、できなかった曜一朗は面白くなかったと思います。他の子が、数を競い合って練習しているなかで、つまらなそうにしていました。だから、『リフティングは、同じ高さで20回できたら、それでいい。そうしたら100回できるから』と言って、納得させました。フェイントの練習のときも、他の子がいわゆる教本に載っているのと同じものをしたがるのと違って、曜一朗は基本的なものはいらない子でした。ボールが来て、相手が来たらあとは本能的。ボールをちょんと触ってスピンをかけて、スッと抜いていく。『フェイントなんていらないよ』という感じでした。『狙ってやっているのか』と聞くと、『ボールが来たからなんとなく』と答える。浮き球で抜いたりしようとしたこともありました。テクニックがついていかないので失敗するんだけど、もしできたらすごいよというプレーでした。決まり事やみんなと同じフェイントはしたくなかったというわけです」

小学校低学年のころには、ゴールキーパーにあこがれ、真剣に目指していたという話も聞いた。

「スクールに通うバスのなかで、スパイクを履いてグローブをつけて、バスを降りたらそのまま走っていって、『誰かシュート打って！』と言っていた」

と柿谷。高橋は、

「ひとりだけユニフォームの色が違って、目立ちたいというのがあったようです（笑）。運動神経がいいから、結構シュートを止めていた。身長が高くなかったけど、もしゴールキーパーをしていてもそこそこやれたと思います。ジュニアのときの試合で、5、6点取ったらゴールキーパーを曜一朗に代えたことがありました。本人も満足するし、他の選手も試合に出られるのでちょうどよかったんです。でも、途中で気づきましたね。『コーチ、面白くないわ。ボール全然来ないもん』と。セレッソが強すぎたんです。ゴールキーパーをして、PK戦になって、そこで自分が輝きたかったんですね（笑）。6年生のころには、実際にPK戦で志願してゴールキーパーになって、3本ぐらい止めて勝ったという話も聞いたことがあります。それぐらい能力を持てあましていました。サッカーじゃなくて、他のスポーツをしていてもオリンピックに出ているでしょう。それぐらいのメンタルと運動能力を備えていました。だから、『よく、サッカーを選んでくれたな』と僕たち指導者は言っていました。サッカーは、すごくシンプルだけど、難しいスポーツ。前からも後ろからも横からもボールが来る、敵も来る。流動的で、答えは決まっていないし、答えはその瞬間にしかない。これからも発展していくスポーツを彼が選んでくれてよかったなと思います」

スクールからU－12に進んだのは、2000年、10歳のとき。そして、2002年には12歳でU－15に、さらに3年後15歳でU－18に昇格している。カテゴリーは、常に実年齢より上、というスタイルが続いていた。

そのころから、頭のよさと要領のよさを発揮していた柿谷は、コーチたちを困らせる天才でもあった。選手たちがいたずらをして、コーチが叱ろうとすると、柿谷だけはもういない。

逃げ足の速さもチーム一だった。

「スタッフの皆さんには、ホンマに迷惑をかけました。迷惑をかけてこそ自分やとずっと思っていた。中学のころからは、監督、コーチを困らせてやろうとばかり考えていました。人と違うって思わせたくて、それが自分の評価につながるって思っていたんです」

とは、もちろん改心したのちのコメントである。

U－12で指導をしていた小菊昭雄は、

「あのころは、育成の指導者がカテゴリーを超えて連携《れんけい》して、いかに彼がいい形でトレーニングできるか常に配慮していました。例えば、6年生のときは基本はU－15にいましたが、海外のチームと試合するときはU－12に戻したりというふうに。だから、育成のスタッフミーティングを週2回するなかで、1回は必ず柿谷が議題でした。カテゴリーアップしているからケガも怖いし、メンタルのケアも必要だからと……しょっちゅう、彼に関する討論《とうろん》はしていましたね」

と、当時の様子をこう話す。そして、メンタルのケアについては、難しさがあったと振り返る。

「ずっと、何をしても自分が中心で、たまにあるミスはみんなが頑張ってカバーしてくれて、自分は攻撃のところで王様として君臨している。カテゴリーアップした理由のひとつに、運動量を増やすとか、守備を頑張るとか、切り替えを速くするという課題を克服させるという狙いもあったんですけど、曜一朗の考え方が、『好きなサッカーを楽しくやればいい』という感じだった。楽しくというのにもいろいろあるんですけど、『一生懸命やるから楽しい』ということがまだ理解できていなかったのでしょうね。彼のなかで、楽しくというのは楽にとか、相手をいなしたりとか、そういうことばかりだったんだと思う。切り替えを速くしたり、守備を頑張ってボールを追いかけたり、球際で頑張ったりということは、優先順位が低かった。そこを理解させるために、いろんなことをスタッフで試行錯誤しながらやってきたんですけど……なかなか時間がかかりましたね」

常にカテゴリーアップしたなかで過ごした柿谷は、どの年代のチームでも常に「弟分」。みんなにかわいがられ、わがままを通せる環境で育っていった。

香川真司とともに、プロ生活へ

2006年、16歳でトップチーム昇格を果たした。そのときも、「これ以上U－18でトレーニングを続けても、彼のレベルを考えるとプラスにはならない」（当時のU－18監督・副島博志）という判断があった。

入団会見には、大学生ナンバーワンFWといわれた小松塁《るい》、デカモリシこと森島康仁、そして、FCみやぎバルセロナユースから加入した異色の存在、香川らとともに出席した。セレッソ生まれのセレッソ育ちで、「早熟の天才」といわれた柿谷は、間違いなく注目度ナンバーワンだった。

「僕がボールを持ったときは期待してください」

どこか挑戦的なコメントもメディア受けした。

プロ1年目は、厳しいトレーニングが待っていた。若手だけを集めたチームで、ひたすら走り込む日々が続いた。

1年目の5月には、単身で海外研修に出かけた。行先は、イングランド・プレミアリーグのアーセナルとイタリア・セリエAのインテル。いずれもユースカテゴリーでの練習参加だったが、アーセナルからは、正式にオファーを受けた。当時のGMだった西村昭宏は、「具体的な条件なども出てきましたが、結局話はまとまりませんでした。でも、早い時期に海外からのオファーはありました」。

チームではなかなか出場機会は与えられなかったが、U－16日本代表では目覚ましい活躍をしていた。２００６年9月に開催された「AFC U－17選手権シンガポール２００６」では、５試合に出場、４得点をあげて大会MVPに輝いた。翌年のFIFA U－17ワールドカップにも出場した。日本はグループリーグで敗退したものの、柿谷はフランス代表戦で、センターサークル付近からの超ロングシュートを決めている。

「前を向いたら、味方が誰もいなかったので、何をしようかな、と思っているうちにシュートを打っていました」

今も記憶に残るスーパーゴールだった。

ユース年代の代表での活躍は目覚ましく、周囲の期待は高まるばかり。本人もそれは自覚していた。プロ１年目の秋ごろには、

「最初は遠慮や緊張があったけど、徐々に慣れて、大人らしいプレーができるようになったかなと思います」

「コツコツと練習して、今年中にトップの試合に出たいです」

と、手ごたえと意気込みを口にしていた。

ただ、この年のチーム状態はきわめて悪かった。開幕から4連敗すると、4月には監督の

小林伸二が解任され、ヘッドコーチだった塚田雄二が後任を務めた。しかし、悪い流れは止まらず、7連敗するなど不振が続いた。そして、最終節に敗れて、18チーム中17位となり、J2降格が決まった。

柿谷のJリーグデビュー戦は、最終節のひとつ前の大宮アルディージャ戦だった。0－2でリードされた後半28分、ゼ・カルロスに代わってピッチに立った。しかし、相手の守りが堅く、見せ場を作れずじまいに終わった。

「出場できたけど、勝てなかったのであまりうれしくないです。勝ってこそ試合に出たって感じがする」

というのが試合後の感想。そのあとに行なったインタビューでも、

「出られたことはうれしいし、素直に監督に感謝の気持ちを持たないといけませんが、本来のポジションじゃなかった（サイドでの出場）ことで、どうしていいかわからないのはありました」

と話している。

「本当は、自分らしいサッカーで認めてもらうのが一番うれしいけれど、それは必要とされていなかった。必要とされたのは、運動量を多くしたなかでいかに技術を出せるかというこ

とだった。僕は、走るというのが苦手だったので、そこを見直して走れるようにした。疲れたなかでも技術をしっかりアピールしようとしたけれど、自分のスタイルが変わってしまったのは残念というか、悲しいなと感じました」

という発言には、プロになって、今までとは違うものを要求された戸惑いがにじんでいた。それでも、

「自分が活躍して、J1に上げて、次は絶対に10番をつけて中心選手として全試合に出て、タイトルを取りたいと思います。セレッソにかかわるすべての人に、『今日もアイツが出て何かやってくれる』と思ってもらえるよう、僕が試合に出なかったら『なんで出さへんねん』と言ってもらえるぐらいになりたいと思います」

と、健気《けなげ》な発言でインタビューを結んでいる。ちなみに、同期の香川はこの年は1試合も出場しておらず、2試合にベンチ入りしただけだった。

うさぎ柿谷と、かめ香川

自身も意気込み、周囲の期待も高まった2007年。ベテランを中心とした主力選手が軒

並みクラブを離れたため、若い戦力に期待が集まった。

柿谷は、開幕直後こそベンチ外だったが、途中出場してチャンスをつかみ始めると、4月28日のザスパ草津戦でプロ初ゴールを記録した。

「落ち着いてシュートが打てた。これで満足とは全然思っていないし、チームのためにもっと走って、もっと頑張りたい。得点も1点だけでなく、2点、3点、4点と取りたいし、自分が取るだけでなくアシストもして、観客をもっと沸かせるプレーを見せたいと思う」

と、やる気に満ちたコメントを残した。

しかし、このシーズンはその後1ゴールをあげるのみにとどまった。U－17日本代表としてワールドカップに出場するためにチームを離れたこともあり、特に後半戦の出番は少なかった。シーズン通算の成績は、21試合出場、2得点だった。

一方で、香川はレギュラーポジションを手にしていた。シーズン途中に就任したレヴィー・クルピの信頼を勝ち取り、シーズン後半は出場停止の1試合を除き、すべてフル出場した。香川は35試合出場して5得点。2人の立場は逆転しつつあった。

2人は、入団当初から選手寮で暮らしていた。寮長の秀島弘は、よく柿谷と香川を「うさぎとかめ」の物語にたとえていた。

「柿谷は16歳のときに寮に入ってきたけど、朝は起きてこないしね。私が朝、市場に仕入れに行って帰ってきたら、寝坊してまだ寮にいる。で、車でグラウンドに送ってやったこともあった。その車のなかでは、散々説教をした。『もっと必死で練習しろ、運動量が少ないんやからもっと走れ』とワーワー言ったけど、あのころはわからんかったんやろうね。柿谷は頭がいいから、私がアドバイスしても、『寮長、こうしたほうがエエで。そのほうが早いと思う』と、言ってくる。ちゃんと地道にやればいいものを、頭がいいから、ひとつ先を考えるんやね。香川は違う。思い込んだら前しか見ない。よそ見はせん子やった。それだけに成功率が高い。柿谷はうさぎタイプ。香川はかめ。うさぎが、いくら足が速くても、途中で居眠りをしとったらかめに抜かれるぞ、ということです」

秀島は、入ってきた寮生に最近までこのたとえを使って、訓話《くんわ》にしていた。

ショッキングだった香川への8番継承

J2での戦いが2年目に入った2008年から2009年にかけては、柿谷にとって最もつらく、面白くない時期だったに違いない。

２００８年、柿谷の背番号は11になった。1年目が30、2年目には18だったから、順調な「出世」に思われた。しかし、現実は違った。

開幕2戦はメンバー外になり、第3節のサガン鳥栖戦で交代出場。リードされたなか、果敢に攻める姿勢は見せたがゴールはならず、チームは0－1で敗れた。

「前の2試合は外から見ていて、自分も試合に出てチームの一員としてチームのために働きたいと思っていた。チャンスは巡ってきたのですが、思うように自分の仕事ができなかったので悔しいです」

与えられたチャンスに結果を出せないもどかしい日々は、その後も続いた。それでも、シーズン前半はまだ出場の機会はあった。しかし、後半戦はそれが激減した。途中出場をしてもその時間は次第に短くなり、さらにはベンチに入れない試合も増えてきた。結局、このシーズンは24試合出場して得点はゼロに終わった。シーズン途中に乾が加わり、攻撃的ＭＦの入る試合が多くなると、必然的に柿谷の出番は減ったのである。

開幕からフル出場を続け、間を縫うように5月には日本代表に初選出、8月には北京オリンピックに出場、Ｕ－19日本代表にも切り札としてピンポイントで招集されるなど、大車輪《だいしゃりん》の活躍を見せた香川とは、あまりにも対照的だった。

そして、10月30日にクラブから森島の現役引退が発表された。柿谷はU－19日本代表として、香川とともにAFC U－19選手権に参加するため、サウジアラビアに滞在していた。

「森島さんの引退を知ったのは、母親からのメールでした。朝起きて、メールを見て意味がわからん、と思ってロビーに行って森島さんに電話をかけたんです。そしたら、出なかった。で、チームメイトのはまちゃん（濱田《はまだ》武、現・徳島ヴォルティス）に電話をしているうちに号泣してしまった。サウジのホテルのロビーで、ワーッって泣いていたら、代表のスタッフとか、ホテルマンとかが、『大丈夫？　どこか痛いの？』とかって聞いてきました（笑）。はまちゃんには、『森島さんに、お疲れさまって言っておいて』と伝えました」

どうしても、自分の口で気持ちを伝えたかった柿谷は、もう1度森島に電話をかけた。森島の「もしもし」の声を聞いただけで、悲しくなった。

「現役生活お疲れさまでした。せめて、僕がいるところで引退のこと教えてほしかったです。でも、今日の代表の試合頑張ってきます」

と言って、電話を切った。

「で、その試合で張り切ってスライディングして、尾《び》てい骨にヒビが入った。これこそ空回《からまわ》りやって、みんなに言われました（笑）」

今でこそ笑いながら振り返るが、当時はそれどころではなかった。大好きな森島が引退してしまう事実もさることながら、自分のいないところでチームメイトに発表されたことが、悔しくて悲しかったのだ。森島は、香川には出発前に会って話をしていた。

「今後セレッソを引っ張っていってくれる選手は香川真司だと思っています。真司とは話をする時間があったので、自分の思いを食事しながら伝えたつもりです。曜一朗のほうは、まだ時間が取れなくて話ができていないのですが、サッカー界のなかでも天才だと思っていますし、彼が活躍してくれれば、間違いなくセレッソは優勝できると思います。楽しみにしています」

と、引退会見で、記者の質問に答える形で話している。さらに森島は、背番号8の後継者についても言及した。

「どういう形になるかはわからないですが、真司につけてほしいという思いがあり、話をしました」

それを知った柿谷は感情を抑えられなかった。

「なんで真司くんが8番なん?」

「森島さんなんか大嫌いや!」

そう口走ったこともあった。

終盤の試合では、ピッチに立てない森島の代わりに、香川が8番のユニフォームを下に着込んでプレーした。ゴールをあげるたび、自分のユニフォームをめくってアピールした姿は、柿谷の目にどう映ったか。心中は察するにあまりある。もっとも、今だから言えることだけれど。

「真司くんが森島さんからユニフォームをかけてもらっているところなんて、自分にしたら、夢の夢じゃないですか。直視できるわけがないじゃないですか、全然見てなかったです」

12月6日の2008年J2リーグ最終戦の愛媛FC戦。森島が現役最後の雄姿を見せた試合で、柿谷はベンチ外だった。試合後に引退セレモニーが行なわれ、森島は香川に背番号8のユニフォームを着せて、あとを託した。8番が入ったTシャツを着た森島と、8番のユニフォームを着た香川を囲むようにしてチームメイトたちが並んだ記念写真に、柿谷は写っていない。最後列でつまらなさそうに立ち、そっぽを向いている姿が、後ろから撮った別アングルの写真に残っていた。

「もう、あきらめていた。というか、早く帰りたかった。みんながセレモニーでスタジアムをまわっているときも。無理でしょ、胴上げとか。僕は全然森島さんに触ってなかったです。

放心状態で」

心は荒《すさ》む一方だった。誰よりも長くセレッソにいて、誰よりも森島を尊敬していたのだから、悔しい思いは理解できた。しかし、感情の持っていき方は明らかに間違っていた。

大活躍の直後に、また遅刻……

2009年には、さらに状況は悪化した。チームの中心は背番号8の香川、その横には背番号7をつけたパートナー、乾がいた。柿谷がチームのなかで居場所を見つけるのは難しくなっていた。

やがて、遅刻癖が顕著《けんちょ》になった。レヴィー・クルピは、3月22日の栃木SC戦後の監督会見で、柿谷と香川についてこう話した。

「シンジは、プロフェッショナルな選手であり、常に前向きにどんな状況でもベストを尽くしたいという気持ちを持った選手だということ。その点が、柿谷とは大きく違うところです。柿谷はもっともっと責任感を持ったプレーをしないといけません。柿谷は今年だけでも練習に5回遅刻しています。そういったところでも、（シンジとは）正反対なところがあります。

逆にシンジに学んでほしいのは、常に勇気を持って自分のプレーを出すというチャレンジをすること。プレッシャーのなかで自分のプレーを表現することを学ぶべきです。香川真司と柿谷曜一朗は非常に対照的なところがあり、シンジの場合はプロフェッショナルとして責任感が強いあまりミスを恐れてしまうことがある。逆に柿谷は責任感がないがゆえに、時として非常に勇気のあるプレーができる。好対照な2人ですが、お互いにそういったところを変えていけば、間違いなく日本を代表する選手になると思います」

結果的にこの予言は、見事に的中した。

当時の柿谷は聞く耳を持たなかった。

「今思えば、遅刻したことについても反省していなかった」

と振り返る。

柿谷の恩師、高橋は、

「そのころは、『あいつはもう腐っているからダメや』という話しか聞こえてきませんでした。そうなったら、彼は絶対にやらない。『どうせやったたっていっしょやん』って言ったと思います。やったって試合には出してくれへんやろって。頭がいいんです」

チャンスが与えられなかったわけではない。6月7日のファジアーノ岡山戦には、先発メンバーに抜擢《ばってき》された。香川が日本代表に招集されて不在、ブラジル人のマルチネスとカイオも欠場、さらに乾も負傷のため出場を見合わせるという非常事態に、2トップのひとりとして出場した。柿谷は、濱田のアシストで2得点をあげて勝利に貢献し、試合後にはヒーローインタビューに答えた。

「真司くんも乾くんもいなかったので、ここで負けたら『2人が早く帰ってきたらいいのに』と言われると思った。はまちゃんや僕たちだけでも勝てるというところを見せたかった」

インタビュー前は、「久しぶりすぎて何をしゃべっていいかわからない」とおどけながらも、ユースの先輩である濱田といっしょのお立ち台が本当にうれしそうだった。

レヴィー・クルピは、

「出場機会が少なかった選手たちが、主力選手たちの代わりに入って、そこでチームの一員としてしっかりプレーできるということを存分に見せてくれたこと、そして勝利に結びつけてくれたこと、その点を本当にうれしく思う」

と、名前こそ出さなかったが、チームのピンチを救った柿谷のことを称《たた》えていた。私は、この試合のレポートに「期待を集め続けた背番号11の今季初ゴール」と書いた。誰もが彼の

2009年6月7日、ファジアーノ岡山戦で大活躍した柿谷だったが……。

活躍を待っていた。

しかし、あろうことか試合の翌日の練習に、柿谷はまた遅刻した。これで、レヴィー・クルピの堪忍袋《かんにん》の緒が切れた。もっとも、1997年に最初の指揮を執ったときから、チーム内のディシプリンを重んじ、選手にも厳格さを求める監督であるといわれていた。ブラジル時代は、規律を守らなかったエース・ストライカーをためらうことなく放出したと聞いていたので、むしろよく我慢しているなと思ったほどだ。

「曜一朗は、持っているものはすごかったし、誰もが認めていた。でも、子供でしたね。やればいいのに、なんでやらないの？　って思っていました。僕も話をしたりしたけど、それを聞いて実行に移すのは本人。多分言われても、若くて伝わらなかったんじゃないかな。それを受け入れるだけの気持ちが本人になかったんでしょうね」

と振り返るのは、当時キャプテンだった羽田憲司だ。

J2徳島への期限付き移籍

岡山戦から10日後の6月17日、柿谷の徳島ヴォルティスへの期限付き移籍が発表された。

本人のコメントは淡々としたものだった。

「サポーターの皆さんの期待にはあまり応えることができませんでしたが、徳島でひとまわりもふたまわりも自分を大きくして、セレッソで活躍できるような選手になって、帰ってきたいと思います。これからも、今までどおり応援していただけたらうれしいです」

心中では、素直に移籍を受け入れていたわけではなかった。

「そのときは、そんなに言うんやったら、行ったるわ、ぐらいの気持ちでした」

ひとりぼっちの旅立ちだった。幼いころから練習をしていた南津守グラウンドをこんな形で去らなければならないなんて、どんな気持ちだっただろう。クラブハウスのなかでは、小菊がその姿を見ていた。

「最後にいろんな言葉をかけてやりたいと思ってクラブハウスに行ったけど、曜一朗が寂しそうにロッカーを整理して荷物をまとめている背中を見たとき、なんて声をかけたらいいかわからなくなって……。こうなる前になんで気づかせてあげられなかったんやろうという自分への情けなさとか、今まで小学生からいっしょにやってきた選手をこんな形でチームから出さないといけない悲しさで。『ホンマに曜一朗頑張れよ』とだけ言って、アイツは『ありがとうございます』と寂しそうに言って、握手したことははっきりと覚えています」

練習時間と重ならなかったこともあり、クラブハウス周辺は誰もいなかった。ただひとり、キャプテンの羽田だけが見送りに来ていた。わざと明るい調子で、

「ひとりでかわいそうだろうと思って、来てやったよ」

と声をかけた。

「そんなこととあったかな。キャプテンとして送ってやろうと思って行ったのかもしれない。あのとき出ていかされたのはしょうがなかったと思います。曜一朗自身が変わるしかなかった。ああいうタイプでつぶれていく選手を結構見てきたし、そういう流れに曜一朗もなりかけていた。あのまま放置されたら終わっていたし、徳島でもそのままだったら、今の曜一朗はない。正直、出ていくときは、もう帰ってこなくていいという感じだったから、本人が気づいて変われたということが大きかった。そうでないと、セレッソには帰ってこられなかったでしょうね」(羽田)

柿谷は、迎えに来た徳島ヴォルティスの中田仁司《ひとし》GMが運転する車に乗り込み、セレッソをあとにした。私は、羽田といっしょに車を見送った。いつか、ここに戻る日は来るのだろうか、と思いながら。その日のブログに、私はこう綴った。

6月17日、曜一朗が徳島へ旅立っていった。去り際の車のなかから、「頑張ってきます」と、ひとこと。生まれ育った街を、幼いころから慣れ親しんだクラブを「期限付き」であれ、こういう形で離れなければならないのは、寂しくないはずない。

でも、「サッカー選手は試合に出てナンボ」。決まったからには、新しい場所でもう一度出直してほしい。セレッソにはないもの、セレッソにしかないものを見つけてきてほしい。

それと……今まで彼にかかわったセレッソのコーチたち、特に育成の指導者たちが、どんな気持ちで育ててきたかを忘れないでほしい。決して、他クラブのエースに育てようとしたのではないことを。セレッソのエースになってほしい、それだけを願って手塩にかけてきたことを。

徳島ヴォルティスへの感謝の思い

結局、徳島ヴォルティスには2年半在籍した。その間のことは、記者を通じて時々聞いていた。元気にしている、試合に出て頑張っている、メンバーから外された、監督からは厳しく言われているらしい、いい先輩からかわいがってもらっているらしい、寝坊はしなくなったらしい……。

1度だけ、電話で話したことがある。1度目の移籍期限が来た2010年1月、移籍延長のリリースに載せるコメントを取るためだ。素直な様子で、コメントをすらすら話し始めたのでペンを走らせたが、「ん？　何かが変」。数日前に徳島ヴォルティスに移籍が決まった濱田のリリースのコメントをそのまま読み上げていたのだ。電話の向こうでは、柿谷のケラケラ笑う声が聞こえた。「やられた！」。すっかり油断していた。

「徳島に行って、GMの中田さんから、『ホンマにお前がやりたいのは何や？』と言われて、『やっぱり自分にはサッカーしかない』と思った。美濃部《みのべ》（直彦）監督からは、何回も怒られた。最初のころは、そのたびに『何やねん！　俺のことを知らんくせに』と思っていたけど、だんだんそうじゃアカン、と気がつき始めた。前は、自分の考えや意見しか信じなくて、周りの意見は無視するという感じでした。それが、試合に出て、徳島のチームメイトに徐々に信頼してもらえるようになると、そういうのがあるのがサッカーなんやと思えるようになった。自分が試合に出るとか出ないとか、試合に勝つとか負けるとかだけではなくて、練習も含めて90分間しっかりやってこそ、認められるということをホンマに実感したんです」

チームメイトには、本当によくしてもらった、と感謝している。厳しいことを言ってくれる人もいたが、それもうれしかった。少しずつ、固まっていた心がほころび始めていた。地元の人たちのおおらかな優しさも、柿谷を素直にした。

「あったかいというか、フレンドリーすぎるぐらいでした。本当に地域〝超〟密着型やから、サポーターは、選手というより、息子や親戚みたいな感じで接してくれた。食事をする店とかは、ほとんどヴォルティスを応援してくれているから、1度選手たちが行ったら、もう友達、みたいな。次に練習場に見に来てくれるときは、差し入れをドンと持ってきてくれたりということがしょっちゅうありました。ホントに、メチャクチャいい環境でした。

町全体の雰囲気も好きやし、スタッフ、サポーターも、みんな。畑があったり、はっきりいってど田舎ですよね、練習場も山のなかで。でも、田舎というものを知らん自分にとって

徳島ヴォルティス時代の柿谷は、ゲームキャプテンも務めた。(写真:アフロ)

は新鮮でした。徳島に行かなかったら、今の自分はなかった。そう言い切れます。だから最近取材が多いですけれど、**取材を受けるのは大歓迎です。『自分は徳島で変われた』と、感謝を伝えられるから。**初めての移籍を経験できたことは、決して無駄ではなかったし、むしろそういう2年半を経験するための移籍やったんかなと思うぐらいです。遠回りだなんて、徳島の人たちには絶対に言えません。もう1回、まっすぐ軸を作ってくれたチームやから。**徳島ありきの自分だから。2チーム掛け持ちできるなら、もう1回行きたいです、ヴォルティスに。J1とJ2、どっちも出ていいなら、両方出たい。**ずっと応援しています」

今年も、クラブハウスには、柿谷あてに箱入りの徳島名産のスダチと鳴門《なると》金時《きんとき》が届けられた。温かな交流は続いている。

消えなかったセレッソへの思い、そして復帰

徳島で頑張るか、サッカーをやめるか。そこまで追い込まれて、初めて目が覚めた。

「セレッソにいたときは、誰かに何か言われたら、反抗するというか、相手をイラッとさせるような言動をわざとしていました。悪いことやけど、あのときの自分はそういう形でしか、気持ちを伝えられなかった。自分がやったことに対して責任取って、プレーで結果を出せばよかったのを、それができなかった。純粋にサッカーを一生懸命するというところが欠けていた。しっかりと徳島で自分を見つめ直して、原点からやらないとアカン、しっかり自分と向き合っていこうと思えるようになりました。試合に出るようになって、それまでは、何のために練習をしてるの？　というのがあったけど、だんだん試合に出るための練習だ、と思えるようになった。そこは、自分自身も変われたかなと思いました」

徳島で試合に出続けるなかでも、セレッソの様子は常に気になっていた。テレビで香川や

乾、家長や清武が活躍をしているのを見て、「俺があのユニフォームを着てもう1回サッカーをやれる日は来るのかな」と考えたこともあった。仲のいい乾から、試合のあとに電話がかかってきて、「負けたけど、内容は30対0ぐらいでセレッソが勝ってたわ」と、試合内容では完全に押していて、やっているサッカーがとても楽しい、と聞かされたときは、ムッとして「自慢の電話はエエわ」と、すぐに切ったりもした。セレッソへの思いは、消えるどころか、さらに深く熱いものになった。

2011年の開幕前のJリーグキックオフカンファレンスでのこと。副キャプテンになった柿谷は、チームを代表してこのイベントに出席していた。終了後、選手控室にいると、「横井さーん」と呼ぶ声がした。柿谷だった。ニコニコ笑いながら、着ていたジャケットの前をひらひらさせている。裏地に縫いつけられたセレッソのエンブレムがのぞいていた。セレッソのクラブオフィシャルスーツを着ていたのだ。

「今は徳島の選手なのに、なんでセレッソのスーツ着てくるの？　アカンでしょ」

「なんとなく。面白いかなーと思って」

相変わらずわけのわからないことをする子だな、と思った。そして、あとから気づいた。もしかしたら、彼なりのセレッソ愛の表現ではないか、と。ちょっとわかりづらくて突飛《とっぴ》な方法ではあったけれど。

２０１１年は、ゲームキャプテンを務めることもあり、自覚は増していった。最後までJ1昇格を争ったチームのなかで、中心選手としてプレーを続けた。

「すばらしい徳島のみんなに出会えて、本気でＪ１に上がりたいと思った。常に自分のなかで、サッカーをやっているな、サッカーのことを考えているな、と実感するシーズンでした。それまでもプロとしてやってきたけど、本当にプロといえるシーズンは、この年が初めてだったと思います」

結果はＪ２で4位。柿谷の奮闘は実らなかった。しかし、38試合中36試合に出場して6得点、堂々とレギュラーを張ったシーズンが終わった。

セレッソ復帰、ついにその時はやってきた。２０１１年末、セレッソの天皇杯の試合会場に柿谷は来ていた。

「来年から、またお世話になることになりました。下からやっていこうと思いますので、よろしくお願いします」

そう言うと、私にぺこりと頭を下げた。

「おかえり。こちらこそよろしくね」

とは言ったものの、頭のなかには「?」がうずまいていた。下からやっていく? このしおらしい態度は何? 変わった? それともまた何か企《たく》んでいる? でも、それは私に対してだけではなかった。彼に会った人はみんな言った。「曜一朗は変わった」と。
「セレッソに復帰することになりました。クラブやサポーターの期待を裏切ってしまった3年前の言動を振り返ると、本当に申し訳ないことをしたと自分のなかでずっと反省していました。徳島では、プロの選手としてサッカーをすること、チームで試合に勝つ喜びをあらためて感じることができました。セレッソで育ててもらえた自分が、セレッソの力になれるのであればと思い、2012シーズンから復帰することに決めました。徳島で本当の意味でプロのサッカー選手としての歩みをスタートでき、3年前のことを忘れてもらうことは難しいと思いますが、早く皆さんに認めてもらえるよう、これからは大阪のピッチでセレッソのために全力で戦っていきたいと思います」(復帰リリースのコメント)
復帰1年目は、「お客さん」のようだった。戻ってきた選手というより、柿谷曜一朗という新人選手がよそのチームから来た、という感覚。慣れた感じはまったく見せなかった。
「俺は以前ここにはおらんかったんやって、自分のなかでゼロにしてきた。無理やってわかっていたけど、自分のなかでそれぐらいしないと、セレッソにはおられへんと思ったから。

昔がどうこうとか、昔いたとか全然なしで、『無』っていう感じにしたかった。プライドも何もない、あえてそうしたんです」

今までの自分を自らリセットし、文字どおりゼロからスタートした柿谷。小菊は本当にうれしかったという。

「帰ってきたときは、わくわくしたし、彼がもう1回チャンスをもらえたことに感謝した。本当に楽しみでした。帰ってきてしばらく、試合に出られなかった時期があったけど、キヨがゴールする、（キム・）ボギョンがゴールする、そのときにベンチで一番喜んでいるんですよ、曜一朗が。それを見たらうれしくてね。本人は悔しかったと思いますよ、内心は。チームのためにやれることをして、素直にチームのことを喜べるのを見て、本気で変わったな、と思えた瞬間でした。もう大丈夫やな、と思いました。僕は曜一朗と約束したんです。『キヨとボギョンがヨーロッパに行く前に、お前がポジションを取れ。それがお前の責任であり、そうしないとお前自身が納得できないやろ』と。『わかりました』と言って、実際にその前にレギュラーを取りましたからね。それまでの曜一朗だったら、もしかしたら心が折れてしまっていたかもしれないけれど、もう1回セレッソでやれる喜びや、チャンスをもらった感謝の気持ちがベースにあった。頑張ったら絶対に誰か見てくれている、評価してくれる、焦らないでやろう。そう思って、彼自身が自分と戦いながらやった成果でした。キヨとボギョンがいなくなる前にレギュラーを奪ったというのは、今の曜一朗を作った重要なターニングポイントだったと思います」

6月30日の浦和レッズ戦。清武のセレッソでのラストマッチでは、0－1で迎えた試合終了間際、アディショナルタイムに劇的な同点ゴールをあげた。ドイツへ旅立つ仲間へのはなむけであると同時に、これからは自分が引っ張っていく、という柿谷の決意の表れでもあった。

「セルジオ（・ソアレス前監督）からは、『キヨがいなくなったあとは、お前に任すぞ』と直接言われていました。キヨがいなくなって弱くなるのはイヤだし、強くなったら自分の評価が上がる。負けてばっかりだったら、キヨも心配する。シーズンが終わったときに、『お前がいなくなっても、大丈夫やったぞ』と、嫌味じゃなく言いたいですね」

と話していた。

しかし、2012年は残留争いからなかなか抜け出せなかった。苦しいなかで、柿谷は頭を丸刈りにしたこともあった。チームは波に乗り切れず、クラブはセルジオ・ソアレス監督との契約を解除。後任として、2011年シーズン終了後に退任したレヴィー・クルピの復帰を決めた。

柿谷にとっては、3年ぶりの再会であった。生まれ変わった彼の姿は、恩師の目にどう映るのか？　注目を集めた就任第1戦は、アウェイのアルビレックス新潟戦だった。0－0で迎えた81分、杉本健勇のヘッドの落としに飛び込んだのは柿谷。きっちりとゴールに押し込んで、試合を決めた。

試合後、報道陣から、

「監督は、柿谷選手がゴールして喜んでいましたよ」

と言われ、

「僕もうれしいです。これからぎりぎりの試合が続くなかで、自分がゴールして勝てたらもっと信頼してもらえる。まだまだ足りないことが多いと思うので、練習からやっていきたい。レヴィーのために、チームのためにしっかりやることを考えたい」

と、声を弾ませた。

レヴィー・クルピは、感慨《かんがい》深げだった。

「やはり特別な思いというものが彼のゴールを見た瞬間によぎりました。というのは、彼がプロとしてのキャリアをスタートして2年目に私が就任した、いってみればかわいい息子であり、かわいい息子であるがゆえに過《あやま》ちを犯《おか》したときには正しい道に導いていく、そういったことを繰り返してきましたが、今日のようにひと皮むけて成熟したプレーを見せてくれて本当にうれしく思いました。曜一朗とこうやって同じチームで働くチャンスが巡ってきたということをあらためてうれしく思っています。まだ22歳、これからもっともっと成長して、間違いなく世界に羽ばたいてくれる選手だと思っています」

そのあとも、決して楽な戦いではなかった。レヴィー・クルピのもと、持ち味の攻撃サッカーが復活し、上昇の兆しは見せたものの、勝ち点を取りそこなう試合もあった。結局、最終節までJ1残留が確定できず、厳しいシーズンになった。

「いい順位ではなかったけれど、結果的に残留できた。結果的にはいいシーズンだったんじゃないかと思います」

そう総括した柿谷は、30試合出場して、11得点。チームのトップスコアラーになった。

周囲の見る目も変わっていった。寮長の秀島もそのひとりだ。

「セレッソに帰ってきて、しばらくしたころ、柿谷が寮に謝りに来た。深々と頭を下げて、『申し訳なかったです。寮長の言うことを全然聞かなくて。今、身に染みてわかりました。頑張りますので、よろしくお願いします』と、言った。『よっしゃ、わかった。これからしっかりやったら活躍できる』と励ましたよ。それから活躍するようになった。柿谷はかならずよくなる。もう大丈夫や」

目を覚ましたうさぎは、姿勢をただし、途中で居眠りすることなく、懸命に走り続けている。セレッソの選手寮には、もう怠け者のうさぎはいない。

あの別れの日、柿谷を見送った羽田もその変貌《へんぼう》ぶりに驚くひとりだ。

「人が違う、全然。自分のことではなくて、チームのことを話すようになったし、ネガティブな話をまったくしなくなった。前の曜一朗とは別人です。**人って変われるんだと思った。ホント、そこまで変わりました。逆に、素質を持っていたら、自分の気持ちがしっかりすればあそこまでなるんだなって。そう思いました。勉強になりましたね。素質があれば自分次第なんだな、と**」

16歳の柿谷をトップチームに迎え入れた西村は、自戒《じかい》を込めて話す。

「彼は、テクニック的なことは15、16歳で完成されていました。あとは、それをどうやってゲームのなかで出せるかということだった。すごく謙虚にやれるようになって、彼の力がゲームのなかで引き立たされているし、ゴールという結果も出せるようになった。その間には、徳島に行ったこともあったと思うけれど、そこに至るまでに、メンタリティのところで、僕なんかがもっと彼に働きかけをしていたら、例えば２００６年のあのチーム（ＴＭ50）にいたころに、何かできていたら……もっと早く、表に出るチャンスがあったかもしれない。もし今度同じような子が出たら、我々大人はいい教訓にしないといけないですね。クラブとすれば、彼のようにジュニアからトップに上がっていく選手をもっとたくさん作っていくのが仕事。育成型をポリシーにしているのだから、絶対に今後、同じ轍を踏まないように……そこに期待したいですよね」

セレッソでは在籍期間は重なっていないものの、親交がある佐藤寿人（サンフレッチェ広島）も、その変化を感じるという。

「曜一朗とは、徳島に行く前からいろいろ話をしていて、試合に出ていないときに『なんで出てないの』と聞くと、『全然ダメです』みたいな返事でした。そこまでツンツンしている感じはなかったけど、問題を常に外側に向けていたかなと感じました。でも、今は常に自分自身のなかに問題点を置き換えて、すごく自分に対して厳しくなっているように感じます。コメントとかを見ても感じます」

背番号8　柿谷曜一朗

セレッソへの復帰シーズンを終えた2012年12月。柿谷は大きな決断を迫られた。海外からの獲得オファーが届いたのである。

「キヨや真司くんや乾くん、あのメンバーと同じ地に、僕も足を踏み入れたかった。自分もそれを望んでいたところに、チャンスが来た。やっとみんなと同じところに行ける、その扉が目の前に用意されて、もう行くしかない。みんなが待っている、同じステージにやっと行けると思いました」

香川、乾、清武のあとを追って、自分も海外に移籍しよう。柿谷の気持ちは早くに固まっていた。柿谷が契約する選手エージェント会社のスタッフである西澤明訓は、「俺と話しているときの曜一朗は、移籍すると決めていたみたいだった。ただ、曜一朗と話すなかで、『モリシにも伝えたいことがあるみたいだから、1度話をする場を作るよ』ということになったんです」。

セレッソのOBで、森島の盟友でもある西澤が間に入る形で、話し合いの場が持たれた。

12月中旬、場所は森島の自宅だった。

「曜一朗はずっと小さいころからセレッソでサッカーをしていて、サポーターからもすごく愛されている選手です。トップに上がってぜひ活躍してほしいと誰もが思っていたなかで徳島に行きました。徳島で活躍して、もう帰ってきてくれないかも……という状況で、もう1回セレッソでやりたい、という思いで帰ってきてくれた。サポーターもすごく喜んでくれました。そして、活躍をしてくれて、僕も本当にうれしかった。活躍したのだから、海外から声がかかるのは当然のことだろうと思いました。ただ、セレッソがタイトルを取ろうとするときに、曜一朗という存在は間違いなく欠かせない。1年でも長く、曜一朗がセレッソを引っ張っていってほしい、というのは僕だけじゃなくてみんなの思い。だから、アキ（西澤）に言って、話をさせてもらったんです。**僕も、曜一朗が海外で活躍する姿を見たくないわけじゃない。見たいです。でも、セレッソで活躍してほしいという自分の気持ちをどうしても伝えたかった。**そんな思いを話す場所を、アキがいいタイミングで作ってくれました。選手時代もアキにはすごくいいサポートをしてもらって、それは本当に大きかったですけど、今回もそうでしたね」

森島の話を聞いているうちに、柿谷は泣き出した。

「森島さんからは、『8番をつけて、まず1年やってほしい。1年といわず、ずっとやってほしいけど、まず1年つけてほしい』と言われました。その瞬間に、今年の自分の役割みたいなものははっきりした。森島さんの言葉を聞いて、気持ちが変わったんです。泣きましたね。普通に泣いていました」

その場で移籍を撤回し、柿谷はセレッソでのプレーを選んだ。4代目の背番号8、柿谷曜一朗が誕生した。

「モリシに8番の話をされて、曜一朗は泣きそうだし、こっちはさすがにちょける（ふざける）わけにはいかなくて。曜一朗は犬アレルギーだから、寒いのに窓を開けっ放し。モリシがずっと熱い話を続けてたから、こっちは風邪ひきましたよ。帰るときに車で曜一朗と話していたのは、『厳しい選択したよね、逆に』ということだった。逆にしんどいほうを選んだとは本人も言ってたし、実際そうだと思う。いろんなものを背負っていかなきゃいけないわけだから。そりゃそうでしょ、セレッソの8番って。よかった、俺は20番で（笑）」

西澤も認めるセレッソの8番の重み。柿谷は、セレッソに戻った2012年の夏に、森島と対談をして、「8番」の話をしている。

柿谷「僕は今、8番をつけるに値《あたい》しないですが、もしつけるとなったときには、森島さんみたいになりたい。そのときの覚悟として、海外からのオファーがあったら、どっちを選ぶんやろうなって……今ははっきりした答えは出ないですけど、つけさせてもらうんなら、ずっとセレッソに、という思いはありますね」
森島「なんか、涙が出るような話をしているよね。それだけチームへの思いがあって、いい話だと思うけど、もっと上にという気持ちで、登りつめてほしいな」

2013年1月30日、8番のユニフォームを着た柿谷は、サポーターズコンベンションでお披露目《ひろめ》を行った。8番をつけている自分が、うれしくて仕方がない様子だった。
「重いし、プレッシャーはめっちゃあります。周りは、『そんなことないよ』とか『似合っているよ』とか言ってくれるけど、自分ではまだまだとわかっています。ただ、つけているだけで、めっちゃやる気になるというか、自分が8番をつけている、というだけでモチベーションになる。だから、助けられてばっかりです、**8番に。サポーターが一番大切にしている番号で、森島さんがいつもついている、と思える。この番号以上のものは、僕のなかではないです。セレッソの8番は何ものにも代えられない。**それが今、僕なわけです。自信を持っていいと思うけど、『お前はまだまだやぞ』っていうのは、常に持っておきたいです。

1年でも、1日でも早く、森島さんに、お前の8番にしてくれ』って言ってもらえるように、心の底から『お前に8番つけてくれって言ってよかった』って言ってもらうためにやっているところもあります」

海外へ、の思いはなくなったわけではない。

「選手寿命が長いわけじゃないし、ヨーロッパ的にいうと、もう若くない。行くなら今じゃないか、という話は今年の初めにしていました。でも、8番をつけてセレッソでプレーするほうが何倍もしんどいと僕は思ったんです。アキさんとも森島さんとも話をしたんですけど、8番をつけて活躍すればするほど、景色が広がるし、選択肢も多くなる。もし、また海外からのオファーが入ったときには、もう1回ちゃんと森島さんと話し合おう、って。アキさんは、『曜一朗が好きなようにしたらいい、そのためのサポートをしているだけやから』って言ってくれる。海外に行って、そこに行かないとできない相手やったり、強さやったりを感じないまま、サッカー人生を終えるっていうのはどうなのかなとも思うし、でも森島さんみたいな（セレッソひと筋の）人がいてもいいんじゃないかなという気持ちもある。だから、今後については、またそういう世界が見えてきたら、考えたらいいかなと。森島さんがどういう気持ちで、やっていたのかを味わいたいのもあったし、真司くんやキヨがどういう気持ちでやっていたのか、というのも知りたかった」

天才がようやく覚醒《かくせい》した2013年

そして、開幕戦。背中に背負ったプレッシャーを感じながら、柿谷は懸命にゴールを目指した。そして、決勝ゴール。両手を広げた「飛行機ポーズ」は初代8番の定番だ。「8番ってカッコエエなあ」。そう自画自賛した。

そのあとも、誰もがエースと認める活躍を続けた。今までと違うのは、試合を決めるゴールが多くなったこと。チームを勝たせることが最優先なのだ。小菊は言う。

「ようやくこの1年で、サッカーの本質というものがわかったんじゃないかなと思います。いいサッカー選手とは、評価されるサッカー選手とは、ということがちゃんと彼のなかで理解できたのが、この1年のような気がします。ただうまい選手というのではなくて、評価される選手にという方向転換ができたのは大きかったです。あとは環境ですね。8番をつけたという。今の曜一朗は楽しむのではなく、チームを勝たせるためにサッカーをしている。だから守備もするし、頑張って切り替えるし、アシストやらテクニックに走りがちだったのが、チームを勝たせるためにゴールにこだわるようになった。もともと持っている天才が、そっちに向けば誰にも止められない。そりゃ、いろんな人から評価されますよ。これからの曜一朗はすごいと思います。セレッソの将来とともに、日本の将来が楽しみです。本気を出した曜一朗のプレーを考えると」

柿谷のプレーは見ている人をわくわくさせる。そこに理屈《りくつ》はない。

「ああいうプレーは、教えられてできるものではありません。少なくとも、僕たちは教えないです」

というのは、柿谷とはU－18で同期、現在はクラブスタッフでありスクールコーチも務める赤堀翔平だ。「ああいうプレー」とは、2013年5月25日の名古屋グランパス戦で決めたゴールのこと。枝村匠馬《たくま》の高速スルーパスに抜け出すと、左足のアウトサイドでトラップし、右足でシュートを決めた場面だ。

「あの場面では、右足のインサイドで止めてシュートというのが、普通なんです。スクールではそういうふうに教えます。より確実だから。でも、曜一朗は違う」（赤堀）

このゴールは、J1リーグの月間ベストゴールに選ばれている。

「浮いたボールをワントラップで打つのは、小さいころからうまかった。じゃあなんでリフティングができないの？　と言われるかもしれないけど、曜一朗はノープレッシャーではできない。簡単すぎたらできないんです。プレッシャーがかかったほうが研《と》ぎ澄《す》まされて、ボールがピタッと止まる。難しいほう、あえて厳しい環境があるほうがポテンシャルを発揮できる。だから早く『世界』に見せたいですね」

というのは、スクールで教えていた高橋だ。

人とは違う、読めない、そんなプレーが本能的にできる。そこが、柿谷の最大の特長であり、魅力だ。

「サッカーに対する考えとか、スタイルとか、頭のなかは中学、高校のころから変わっていないです。カラダが変わって、スピードが変わってというのはあるかもしれないけど。基本は、相手が『え?』っていう顔をしているやろうな、と思えるのが気持ちいいんです」

と、柿谷本人は言う。

２０１２年のＪリーグＭＶＰであり、得点王でもあるサンフレッチェ広島の佐藤の評価も高い。

「初めて見たときには、本当に天才だなと思いました。でも、もっともっと、いい選手、危険な選手になっていくと思います。僕が言うのもおこがましいですけど、点を取る選手が一番評価されるというプロの世界で、ゴールを取るために何をしなければならないのかをすごく考えるようになったと感じますね」

セレッソではＦＷの先輩にあたる西澤にも、柿谷のすごいところを聞いた。

「うーん、あまり言いたくないけど、天才なのかなって思います。見ていて本当に普通に引き込まれますよね。何するかわからないというか、ちょっと想像を超えているというか。でも、サッカーってそういうもの。だからそういうことができる選手は、みんなに期待されて当たり前。すごさにもいろいろあるけども、今まで日本人のなかでいなかったようなタイプの選手だと思う。それでいて、最近はシュートもきっちり決められるようになったし、基本の技術はもちろんだけど、スピードもあるし、欠点がほとんどない。あとはあのプレーを１試合で何回できるか。10回、20回とできたら、世界のトッププレーヤーになれると思う。曜一朗のはまったときのプレーは、メッシとかＣ・ロナウドとか、ネイマールとかそういう次元。じゃあそのプレーを何回できるの？　というところじゃないですか、これからは。そこはみんなが期待しちゃうところじゃないですかね。僕らみたいな凡人が何か言っていいレベルの選手ではないと思います（笑）。曜一朗にこれから期待するのは、見ている人、ファン、サポーターをうならせるプレーを1回でも多くしてほしい。その回数が多くなればなるほど、世界に近づいていくんじゃないかなと思います」

東アジアカップで3得点の大爆発

2013年7月には、日本代表に初選出された。セレッソの育成出身として初の日本代表選手の誕生だった。

「誇りに思います。ずっと育ったセレッソから日本代表に選ばれる、本当に僕はこのチームを誇りに思います。1回逃げ出して、あれほどイヤやって思ったチーム……心の底から思ったわけじゃないけど、自分というものを出せなかったこのチームだったのに、外に出てみて、間違っていたな、俺は、と気づかされて、帰ってきて、頑張ろうと思えるのはセレッソのユニフォームだから。そして、8番をつけたこともそうです」

お世話になった人たちへ感謝の言葉を残し、柿谷は、育成の後輩、山口と扇原とともに、東アジアカップに出場した。

「優勝しかないと思っている。絶対に優勝して帰ってくる」

その約束はきっちりと守った。第1戦の中国戦で代表初ゴールをあげると、第3戦では2ゴール。Jリーグの選手だけで構成されたチームを優勝に導く活躍を見せた。

「みんなが見ている、ああいう国際舞台でプレーするというのがどういうものなのか、知りたかったんです。代表というのは、今までユース年代の代表というのとはまったく違う重みがありました」

そのあとも、コンスタントに日本代表に招集され、2014年のワールドカップでも、その姿が見られるかもしれない、というところまでこぎつけた。

「自分は、あまり先のことを考えすぎると、ダメなタイプだって、最近わかったんです。とにかく今は、毎試合毎試合を頑張って、先のことは考えすぎないようにしようって。日本代表のことも同じです。僕は、先を考えすぎると、近道を探すかもしれないし、道を間違えるかもしれない。じゃなくて、一番近くのことを順番に正確にやっていって、気がつけばそこにたどり着いている、というやり方。それが今の自分やと思います。だって、子供のころにこうしようって決めていたことでそのとおりになったのは、16歳でプロになる、ということだけ。予定では何をしているはずだったかって？　レアル・マドリードでプレーしていた。ほら、全然、違うでしょ（笑）」

今の柿谷は、あくまでも自然体だ。奇《き》をてらった行動をしては周りを驚かせたり、困らせたりということもなくなった。メディアの取材を受ける態度も、ファンサービスの様子も、本当に丁寧《ていねい》だ。

今年8月31日の川崎フロンターレ戦では、柿谷の「8番」と「8月」をかけた「ザ・グレイトエイトシート」が発売された。ピッチレベルの特設席で観戦でき、グッズプレゼントなどの特典がついたスペシャルシートだが、最大のウリは、「試合後の柿谷選手とのお茶会」。8席限定、価格は8万円というスペシャルシートには定員の約10倍の申し込みがあった。

試合はスコアレスドローに終わったが、お茶会は盛り上がった。

ミックスゾーンでの取材対応を終えた柿谷は会場に入ると、笑顔を絶やさなかった。2ショット写真を撮るときには、ひとりずつ希望のポーズを聞いて、それに応えた。質問タイムには、ひとつひとつ質問に丁寧に答えていた。自分の立場を考え、こうしたらお客様が喜んでくれるだろうなということを慮《おもんぱか》った、心のこもったおもてなしだった。セレッソの背番号8はこんなふうに、みんなを笑顔にする存在なんだとあらためて思い出させてもらった。

2013年シーズンは、育成出身の選手が柿谷を含めて8人になった。後輩たちは、山口、丸橋祐介、扇原、杉本、南野、秋山大地、小暮大器。ずっと末っ子だった柿谷だが、今は一番上のお兄ちゃんになった。「長男」としての自覚も十分だ。

「育成の後輩はみんな生意気。自立しているし、しっかりしている。みんな、俺に比べたらちゃんとしています。拓実には、『俺が8番つけているからって、絶対遠慮することないぞ、好きにやれ』って言っています。拓実には、『俺がセレッソの顔じゃ！』っていうぐらいでやれって。言わなくても、拓実はなめてますからね、完全に。『なんやったら、俺が8番つけたろか』ぐらいの気持ちでやっている。それがあいつのエエとこなんですよ。でも絶対に渡さへん！そんな簡単に渡すもんか！　って思っていますけど（笑）。タカもケンユウも堂々とやっていますよ。グレ（小暮）は放っておいてもできるタイプ。黙々とやるから。大地はまだ試合に出られへんし、焦りがあるかもしれない。ちゃんと支えたらんなアカンかな、という気持ちでいます」

2人の競演がブラジルで見たい

「曜一朗は変わったよ。人間的にもね。今までの自分を1回整理し直して、強くなったなぁ、というのがまず一番だけど、セレッソっていうクラブ、チームメイト、モリシ、真司、いろんな人のおかげだと思いますね。真司がビッグクラブに行って、頑張っているのを見たら、同世代や後輩の選手たちはやっぱりあこがれるだろうし、目標にするだろうし、影響はすごく大きいと思う。セレッソの選手はより強く感じていると思う。真司もすごい。でもそれに劣らず、曜一朗もすごいものを持っている。真司も曜一朗のことはすごく意識しているからね」

と、西澤は言う。まったく同じことを、小菊も口にしていた。

「曜一朗のことを一番気にしているのは、実は真司なんですよ」

香川と柿谷、同じ年にセレッソに入り、比較されることの多かった2人だが、実はピッチにおいては、あまりシンクロしたことがない。どちらかが光れば、どちらかがかすむ。不思議なことに。2人は、お互いのことをどう思っているのだろうか。

「4歳からセレッソでやっているというのは唯一、僕らはかなわないのかなって、今の段階では思っています。セレッソにいる時間が長い分、セレッソに愛着があると思いますし、ファンやサポーターにしても、ずっとセレッソにいてくれる選手が、８番をつけてくれるというのが何よりだし、セレッソ一筋っていうのは、素直にすごいことだと思う。同期ですし、16、17歳くらいから、お互い注目されてライバルといったらそうですけど、意識しながら戦ってきたんで……今でも結果は見ていますし、意識はしますね」（香川）

「僕はずっと意識していました、ホンマに。真司くんは、きっとそういうのはないでしょう。そんなこと考えてほしくないです。もう真司くんは認めざるを得ない。今は戦う舞台が違いすぎます。もういっしょのクラブでプレーすることはないと思いますけど、いっしょに日本を強くしたい、というのはあります。日本を強くするためには、すべてをリスペクトしてやりたいと思っています」（柿谷）

セレッソではなかなか見ることができなかった２人のコンビを見るチャンスはまもなくやってくる。２０１４年、ブラジル。レヴィー・クルピによれば、「曜一朗は真司より洗練された技術を持っている。真司は曜一朗よりゴールに直結するプレーをする」という。強烈なライバル心を持つ２人が、ピッチで響き合う。その煌めきはどんなに美しく、心が躍るものになるだろう。

第5章

レジェンド・森島寛晃

キックが下手なストライカー

セレッソのホームゲームのときに、スタジアムに掲げられる特大の「8」と「20」の2枚のフラッグ。そこに描かれているのは、森島の〝飛行機ポーズ〟と西澤明訓の〝ダブルピース〟のシルエットだ。彼らが引退した日に、サポーターの手によって初めて掲げられ、2人へのリスペクトと2つの背番号への思いが込められている。

●

「セレッソ大阪」が誕生する前の1993年春。滋賀県大津市瀬田にあったヤンマーディーゼルサッカー部のグラウンドで、初めて森島に会った。ヤンマーとしての最後のシーズンに発行する『オフィシャルハンドブック』(現在のイヤーブック)の扉ページに掲載する写真を撮るためだった。

晴れていたが、風が強かった。芝の上に置いたボールを蹴る足元を何度も撮影したが、なかなかOKカットが撮れなかった。

「僕、キックが下手なんです」

申し訳なさそうにしていた21歳の森島の物腰は今でもはっきりと覚えている。

広島県に生まれ、地元の名門・大河FCでサッカーを始め、高校は東海大第一高校（現・東海大付属翔洋高校）にサッカー留学した。ヤンマーには1991年に入団、当時からプロ契約をかわした。

「モリシとは、1年だけいっしょにプレーしました。彼が19歳、僕が32歳だったかな。今とまったく変わらない、謙虚な性格でした。テクニックもそうだけど、スペースを見つける動き、ゴールに向かう動きが特に優れていましたね。まあ、ひと言でいうとサッカー小僧でした」

ヤンマーでは選手として、セレッソでは監督、GMとしていっしょに仕事をした西村昭宏は言う。

1993年にスタートしたJリーグ初年度の10チームにヤンマーは加盟することができなかった。「1995年にJリーグへ！」の合言葉のもと、チームの運営会社、大阪サッカークラブ株式会社が設立されたのは、1993年12月だった。同時に、チーム名は「セレッソ大阪」に変わった。一般公募されたこの名前は、大阪市の市花である「さくら」をスペイン語で表したものだ。

1994年の戦いの舞台は、ジャパンフットボールリーグ（JFL）。「Jump to J!」をスローガンに、セレッソ大阪として初めてのシーズンが開幕した。桜吹雪が舞ったピンクのユニフォームシャツと、明るいブルーのパンツはインパクトがあった。森島は、「何としても1年でJリーグに上がる！」という強い思いを胸にピッチに立った。

初戦の会場は、そのころのホームスタジアム・長居第2陸上競技場。相手はコスモ石油。実力はセレッソが勝っていると思われたが、終盤まで0－0のまま。シュート数は17対1と圧倒したのに、決め切れなかった。ようやくゴールが決まったのは88分、左サイドバック・神田勝夫《かつお》によるものだった。

前半戦は14勝1敗の首位で折り返し、森島もチームの中心として多くのゴールを叩き出していた。ブラジル人のベテラン監督、パウロ・エミリオからは、

「森島はすばらしい選手。セレッソだけでなく、日本を代表するレベルだ」

と、絶賛された。攻撃でコンビを組んでいたのは、当時28歳のMFマルキーニョス。元ブラジル代表の技巧派で、長短織り交ぜたパスで若い森島を巧みに使っていた。

「マルキは自分のプレーをうまく引き出してくれました。ほしいタイミングでボールを出してくれて、点をたくさん取らせてもらった。自分を成長させてくれた選手のひとりです」

Jリーグ昇格を決め、パウロ・エミリオ監督を胴上げ。

ガンバ大阪から移籍してきたベテラン、久《く》高《だか》友雄の存在も大きかった。ひと足早くJリーグを経験した久高は、若い選手たちにプロ魂を教えた。負けてうつむく選手に、「プロなのだから、顔を上げてサポーターに挨拶しよう」と促した。今では当たり前のことが、森島たちの耳には新鮮に聞こえた。

終盤に向けては苦戦の連続だった。Jリーグ昇格を決めたのは、10月20日の藤枝ブルックス（現・アビスパ福岡）戦。勝てば昇格圏内の2位以内が決まり、負ければ再び混戦に引き戻されるという大一番であった。90分でも勝負はつかず、見崎充洋《みさきみつひろ》のVゴールで決着がついた。直前で交代してピッチをあとにしていた森島は、ピッチサイドでその瞬間を見ていた。

「あんなに喜んだことはなかったです。尼陸（尼崎市記念公園陸上競技場）からの帰り、ひとりで運転して帰る車のなかで、ウォーッと絶叫しました」

Jリーグ開幕から2シーズン遅れで、セレッソは念願の舞台に上がることになった。

座右の銘は「心・技・体」

1995年、Jリーグデビューの年。初戦は偶然にも森島の故郷で、サンフレッチェ広島と対戦した。開幕前には、『オフィシャルイヤーブック』の企画で、尊敬する先輩、木村和司と対談している。そのなかで授けられた言葉が、「心・技・体」であった。

「心っていうのは、気持ち、ハート。俺はサッカーをやるんだという強い気持ちを持つこと。次は技。いいかえれば、どれだけたくさんのアイデアを持っているか。最後がカラダ、コンディショニング。技を見せるためには、ちゃんとしたカラダを作っておかないとな。自分で自分をしっかり管理して、守っていくこと」

木村の言葉に、森島は何度もうなずいていた。「心・技・体」は、引退するまで座右の銘になった。

開幕戦は、サンフレッチェ広島に延長Vゴールで勝利、2戦目もPK戦の末に勝った。3試合目は、清水エスパルスとのアウェイゲーム。森島のJリーグ初ゴールは、この試合で生まれた。マルキーニョスからのパスを押し込み、「Jリーグ初ゴールっていうのもうれしい し、(サッカー留学をしていた)静岡でというのもうれしい」と、声を弾ませた。

Jリーグデビューシーズンは、水を得た魚のように小気味よくピッチを動き回った。屈強なDFをきりきり舞いさせ、貴重なゴールをあげた。チームもまずまずの成績をおさめることができた。日本代表に初招集されたのもこの年だ。ラモス瑠偉《るい》、カズ(三浦知良)、柱谷(哲二)らスター選手に交じり、初々しくも大胆なプレーを見せた。小柄ながら、豊富な運動量とスペースを突く独特の動きは、長く日本代表チームの大きな武器になった。

J昇格2年目の1996年、チームは早くも転換期を迎えていた。2年半の間指揮を執ったパウロ・エミリオが成績不振の責任を取って辞任。コーチの楚輪《そわ》博が後任に就いたが、16チーム中13位という成績に終わった。

1997年、地元密着を鮮明にするため、セレッソはクラブ事務所を梅田から長居に移した。

この年、強化担当の大西忠生《ただお》が連れてきた新監督は、ブラジルの新鋭、レヴィー・クルピだった。母国では、次代のブラジル代表監督候補といわれ、厳格な指導でならしていた。エミリオ、楚輪とどちらかといえば優しいタイプの監督が続いていたチームにとって、レヴィー・クルピの就任は大きな刺激になった。当時44歳だった新監督が植え付けたのは、高いプロ意識と攻撃的なサッカー。そして、若い選手を積極的に起用することでチームの底上げを図った。

森島が、ベストパートナーとなる西澤と本格的にコンビを組んだのはこのシーズンからだ。

西澤明訓との凸凹コンビ誕生

西澤は、静岡県出身で、清水東高校を卒業して1995年にセレッソ大阪に入った。地元の清水エスパルスからも熱心に誘われていたが、

「生まれてからずっと過ごした清水を出たい気持ちもあった」

と、選んだのが大阪の地だった。西澤は、プロ1年目の夏から約1年間、オランダのフォーレンダムに留学した。当時からヨーロッパへの志向は強かった。

「僕の場合は、今の選手たちとはちょっと違うと思うんですけど、サッカーを始めたころにまだJリーグがなくて、社会人リーグやJSL（日本サッカーリーグ）の時代でした。小さいころプロサッカー選手になりたいと思ったときは、ヨーロッパしかなかったんです。静岡で、朝早くに放送していた『三菱ダイヤモンドサッカー』を見て、やっぱりヨーロッパ、当時はドイツとかオランダに行ってやりたいという思いがありました。セレッソに入団してすぐにオランダに留学させてもらって、そこで衝撃を受けたことで、何年後かにまたヨーロッパの舞台に戻りたいなと思ったんです」

西澤が受けた衝撃とは、どんなものだったのか。

「オランダでは当時、アヤックスが世界一になって、そのアヤックスのセンターフォワードにクライファート（オランダ）がいて、PSVアイントフォーフェンにはロナウド（ブラジル）がいて、あの2人は僕と同い年なんですよ。当時18歳、19歳、それでヨーロッパのトップレベルでプレーしているという事実は衝撃的でした。クライファートはチャンピオンズリーグで優勝して、センターフォワードでレギュラー。（ナイジェリアの）カヌも確か同じ年だった。そのあたりも衝撃は大きかったです」

歳が同じでポジションも同じ。ヨーロッパの中心で活躍していた選手たちを身近に感じたことで、もう1度行きたいという思いは強くなった。ただ、セレッソのチーム事情がそれを許さなかった。1年間、チームを離れていたこともあり、戦力として西澤にかかる期待は大きかったのだ。

「まずはチームで結果を出すこと。そしてプレーで認められ、オファーがあれば、移籍交渉に応じる」というのが、クラブ側の基本姿勢であり、西澤も同じ考えだった。「今度行くときは、留学ではなく、ちゃんとお金を稼ぎに行く」として、ヨーロッパへの思いをいったん封印した。

「自分の希望を押し通すなら、ひとつずつ自分で結果を出していくしかない。それが移籍への一番近道であり、結局それしかないんだってわかりました。自分がグラウンドで結果を出すしかない」

帰国してまもなくセレッソでレギュラーポジションを獲得すると、1997年には日本代表に呼ばれた。

そして、2000年12月にスペインのエスパニョールへ、念願の期限付き移籍を果たした。半年間の移籍期間満了後には、イングランド・プレミアリーグのボルトンに移籍、ここでも半年間プレーしている。

ヨーロッパ志向の強かった西澤だけに、今の若い選手たちの気持ちはわかるという。

「セレッソだけに限らず、若くて才能のある選手が、ヨーロッパに、より高いレベルに、と目指すのは自然だと思います。ましてや、今、真司があれだけのビッグクラブに行って、そういうなかで頑張っているのを見たら、同世代や後輩の選手たちはやっぱりあこがれるだろうし、目標にするだろうし、真司の影響はすごく大きいと思いますね。セレッソだけじゃなく、どのチームの選手にも。セレッソの選手はより強く感じていると思います。プロサッカー選手だから、もちろんお金も大事。夢がありますよね、だってマンチェスター・ユナイテッドですよ（笑）。選手の頑張り次第だと思いますけど、世界的に日本人が認められつつある。足りないところはあると思うけど、以前に比べたら、世界で戦える選手が本当に増えてきたのかなと。それは、Jリーグの功績でもあるし、日本サッカー協会が代表を強化して、強くなってきたというのももちろんある。日本のサッカーはいい方向に進んでいるのかなと思います」

西澤のプレーの最大の特長は、ポストプレーの巧みさだった。1トップを務めることが多かったが、懐《ふところ》が深くトラップが柔らかいので、ボールのおさまりがきわめていい。いったんボールをキープして、反転して前を向くプレーもあり、マークするＤＦにとっては厄介《やっかい》な存在だった。

今、セレッソで1トップに入る柿谷は、

「あのポジションは面白い。今はアキさんっぽく頑張ろうと思っています。しっかりボールをおさめて、相手を背負って。攻撃を作るというか、一番前でボランチをやっているような感じ。ボールをキープしつつ、クルッてまわって、ズドンと打ったり。なるべく耐えて、つぶされる前にはたいて、とか、そういうのは意識しています」

と、大先輩のプレースタイルをイメージしてピッチに立っている。

２０００年に監督に就任した副島博志は、「西澤の一番の特長は、空間把握能力の高さ」だと話していた。２０００年6月4日のハッサン二世杯のフランス代表戦で、左サイドの三浦淳宏からのクロスに、ゴール右から飛び込んで決めたボレーシュートは衝撃的だった。足でも頭でも、西澤は空中でのシュートが実にうまかった。セレッソでも、森島とのコンビで多くのスーパーゴールを叩き込んだ。そのコンビネーションは絶妙だった。

「2人は、試合中たとえお互いに背を向けていても、視野に入っていない状態でも、その存在を感じ合っている」

と言ったのも副島だった。理屈ではない、何かが2人の間にはあったのだと。

2002年から2003年にかけて2人のプレーを監督として見てきた西村は、

「彼らのコンビというのは、まさしく阿吽《あうん》というんですかね。コンビネーションというのはトレーニングをしていくことですばらしいものができる。ただ、うまくまわっているときのコンビネーションは、タイミングが合えばピタッと合うんだけど、彼らの場合は、少しタイミングがずれたとしても、合わせられる。それはすごく驚きました。ジャストなタイミングじゃなくても、彼らのなかでそれが修正できる能力がある。多分、彼らもそれがなぜなのか、ちゃんとわかっていないじゃないかなと思います」

と、コンビネーションの不思議を指摘した。

本人たちにも、現役時代に話を聞いたことがある。

「モリシとのコンビ？　10年ぐらいいっしょにやっているんだから、そりゃあ合うでしょう。チームでも代表でも毎日毎日いっしょにやっていたわけだから。モリシはね、本当にうっとうしいぐらいにタイミングよく視界に入ってくる。常にちょろちょろと。だから、自分はそのタイミングでパッとはたいたりしているだけでした。それが、相手にとっては捕まえづらい、イヤな選手になるんだと思います。あの人、よくわざと難しいボールを出してくるときがあるんですよ。わざとオーバーヘッドしてください、みたいなセンタリングを入れてきたりする。センタリングに入っていって、前にボールが来たら、頭でパチンと合わせられるのに、逆に出してくる。あれは絶対わざとですよ。『あっちのほうがいいでしょう?』なんてモリシは言うんだけど、よかねえよ、って（笑）」

1998年、森島は開幕7試合連続ゴールを記録。

西澤にアクロバティックなシュートが多かったのは、森島のアシストのせいだったのか？

「2人の呼吸はぴったりだったね、とよく言われましたが、基本的に僕のパスは、タイミングは合っていますけど、コースはずれていました（笑）。そのミスをアキはカバーできるんです。彼の技術ですよ」

と、森島は言う。多少のずれは技術でカバーして合わせてしまう。西澤の空間把握能力の高さゆえ、だったのだろう。凸凹コンビがお互いにアシストをし合い、シュートを決め合った10年間。私たちは多くのゴールに快哉《かいさい》を叫び、喜びを分かち合ってきた。

森島のゴールといえば、印象に残っているのが1998年の開幕7試合連続得点だ。開幕からの連続ゴールとしては、Jリーグ最多タイ記録である。監督の松木安太郎から、なかば無理やりにキャプテンに指名されたシーズンで、

「1－9で負けた試合でも、その1点を取っていましたからね。キャプテンを任されて、やらなきゃいけないという気持ちがすごく強かったですし、力をもらった気がしていました」

と、森島は振り返る。初めてキャプテンの責を負い、心身ともに充実したことで、大記録が生まれたのだ。西澤は、

「なんでこんなにシュートが入るのか、決めた本人が一番不思議がっていましたね」

と、笑った。

ピッチ上ではベストコンビで、普段いっしょにいる様子を見ても、仲がよさそうだった2人。しかし、意外なことにライバルとして強く意識し合っていたという。

「アキの存在は、自分にとって大きかったです。ポジションもプレースタイルも同じではなかったけれど、セレッソでも代表でもいっしょに練習してきて、絶対に負けたくなかった。他の選手とはまた違う、アキに対する思いがあって、アイツがいいプレーをするとすごく悔しかったし、ゲームのなかでボールを取られたら悔しくて、すぐに取り返しに行きました。アキはきっと僕のことを『ちっちゃいのにイヤなやつだ』と思っていたと思います。もちろん、嫌いだというのではなく、すごく彼のことを認めていましたし、年下だけど尊敬する部分がありました。マルキーニョスもそうだけれど、アキも自分のプレーを引き出してくれ、成長させてくれた選手です。ここ一番で仕事ができる選手。大事なゲームでは常にゴールを決めてくれた。本当に頼りになりました」

西澤も、まったく同じことを言う。

「俺はずっとモリシをライバルだと思っていました。練習中、他の選手がボールを持っていても、自分はDFじゃないし、そんなにガツガツ行ったりはしないんですけど、モリシがいいプレーをするとちょっとイラッとして、マジで削りに行ったりしましたから。それは、自分がモリシのことを認めているからだと思うんです。自分はモリシより年下だから、年上の大先輩を当然意識するじゃないですか。それに対してモリシもむきになってやり返してくる。

すごいな、勝てねえな、みたいな感じになりますよ。俺に対してもそうだし、モリシからしたら10歳ぐらい離れていた（大久保）嘉人に対しても、そうだった。嘉人がモリシにガンってしかけていったときでも、全力で返す。そういうところがモリシのすごいところ。誰が相手でも手を抜かない。いつなんどきでも、誰の挑戦でも受けてやる、みたいな。そういうところがみんなから好かれるのかなと思いますね」

不思議と〝優勝〟には縁がなかった

森島は、引退するまで優勝とは縁がなかった。といっても、まったく可能性がなかったわけではない。

「5回も『あと一歩』を経験した選手は、多分僕ぐらいでしょうね」

と、自虐的《じぎやく》によく言っていた。セレッソはJリーグで2度、天皇杯では3度、優勝を逃すという経験をしている。

1回目は、Jリーグ参加が決まった直後の1995年1月1日、天皇杯決勝だった。ベルマーレ平塚と対戦し、0－2で敗戦。手も足も出ない、力の差を見せつけられた形だった。

準決勝までは好プレーを見せていた森島だが、決勝ではシュートゼロに終わった。

「まだまだ力をつけなくてはいけない。いい勉強になりました」

と、完敗を認めた。

2002年1月1日には、清水エスパルスと天皇杯決勝を戦い、2－3で惜敗《せきはい》した。森島は6本ものシュートを放ったが、ゴールネットを揺らしたのは1度だけ。特に前半の4度の決定機に決め切れなかったのが響いた。相手の延長Vゴールは、森島がパスカットされたのが発端《ほったん》だった。

3度目は2004年1月1日、相手はジュビロ磐田だった。シーズン終了後には、下川誠《せい》吾《ご》や鈴木悟《さとる》、原信生《のぶき》ら、長く在籍した選手が退団することが決まっていた。キャプテンの西澤や大久保らとともに奮闘した森島だったが、ゴールを割れずに0－1で敗れた。「（タイトルには）届きそうで届かないですね」と、悔しさを噛《か》みしめた。

Jリーグでは2度、いずれも大阪長居スタジアムで涙を呑んだ。2000年1stステージは、監督の副島が掲げる「アタッキングサッカー」で快進撃を見せた。森島と西澤のコンビに、ノ・ジョンユン、西谷正也《まさや》が絡む攻撃陣、ボランチには田坂和昭、ユン・ジョンファンという実力者が揃い、見るものを楽しませた。ステージ最終節は5月27日の川崎フロンターレ戦。その1週間前に、首位の横浜F・マリノスと直接対決して、大激戦の末に勝って逆王手をかけたとあって、盛り上がり方は半端ではなかった。練習グラウンドには、臨時のメディア用テントを設置しなければならないぐらいの取材陣が訪れ、尋常ではない雰囲気が作り出された。今思えば、みんな普通ではなかった。「初優勝」を前にして、完全に浮足立ってしまったのだ。リードされ、西澤のすばらしいジャンピングボレーシュートで追いついたが、結果は1－2。痛恨の延長Vゴール負けであった。

森島はピッチにうずくまってむせび泣いた。

「みんなおかしかった。落ち着こうと思っても、できなかった」

森島は声を絞り出した。

「試合前から（祝勝会に備えて）ヘルメットをかぶって行こう、水中メガネを持って行こう、という話をしていた。初めての体験に舞い上がってしまっていた」

とは、あとになって森島に聞いた話である。

翌年セレッソに加入することになる大久保は、国見高校の遠征に行くバスのなかでこの試合を見ていた。

「負けましたけど、面白いサッカーをしているなと思いましたね。とにかくメンバーがすご

オリンピックを大阪に！
副島最高！
下川誠吾
西澤明
富士火災

大阪
川崎フロンターレ
0 1ST 0
1 2ND 1
0 EXT1 0
0 EXT2 1
1 TOTAL 2
1 GK ウラカミ
23 DF クノ
31 DF ニシザワ
4 DF オクノ
20 DF ナガハシ
14 MF ナカニシ
16 MF オオツカ
10 MF マジーニョ
13 FW ウラタ
8 FW スズキ
27 FW ガナハ
:フセ
A1:ヤナギザワ
A2:タカハシ
JR西日本
松 村

かった。森島さん、アキさん、ノさん、ユンさん、すごいメンバーが揃っていて、自分が目指しているような選手ばかりだった。そのときはまだ入るチームは決めていなかったけど、あんななかでプレーしたいな、と思いました」

その通称「長居の悲劇」には、第2章があった。2005年12月3日である。この年は、前年（2004年）にJ1残留を果たした小林伸二が指揮を執っていた。堅守をモットーとしたサッカーで、シーズン後半に調子を上げていった。その中心にいたのが、円熟期に入った森島と西澤のコンビ、そして古橋達弥だ。最終節を前にして首位に立ったのも、前回と同じシチュエーションだった。西澤が鬼気迫るプレーで2ゴールを奪ったものの、終了間際にまたもや失点してドロー。つかみかけていたタイトルはまたも手をすり抜けた。

「2000年と2005年、どっちも悔しいですけど、ショックだったのは2回目かなと思います。あのときは最後まで自分がピッチにいたから。1回目は途中でベンチに下がっていましたからね。でも、印象に残っているのは、2000年のほうかな。あれを勝ち切れなかったから、2005年も勝てなかったのかなと。理由？　モリシの引きのなさじゃないですか（笑）？　勝者のメンタリティがあるとかないとかよくいうけど、それだけじゃない。引きがあれば勝てるやつは勝てる」

西澤は、相棒に対して辛らつだ。森島も同調する。

「やっぱりあと一歩のところで何かが足りなかったんでしょうね。でも、今の若い選手たちはそのあと一歩をクリアしてくれるはず。何度もいろいろなところで言っていますけど、自分が引退したことで、きっとファーストチャンスをモノにしてくれるはずです。そうだったらうれしいです。どんな形でも優勝できればいい」

そして、機会があるごとに後輩たちに声をかけている。「ぜひ1日も早く優勝してほしい。そして、ビールかけには自分も参加させてほしい」と。

長居で決めたワールドカップでのゴール

森島のキャリアのなかで、最も華やかな輝きを放ったのが、2002年のワールドカップでの、あのゴールだろう。グループステージ突破をかけたチュニジア戦で、後半から出場した森島は、持ち前の神出鬼没《しんしゅつきぼつ》な動きから、ゴール前に飛び出してシュートを決めた。このゴールで日本はベスト16進出を引き寄せた。舞台は大阪長居スタジアムだった。

「まず、セレッソのホームの長居で試合があることがすごいし、そこに自分が立たせてもらって、ゴールできた。奇跡だったと思います」

歓喜の陰には、4年前、1998年のワールドカップフランス大会での苦い思い出があった。日本がグループステージ3戦全敗に終わった大会で、森島は1試合（クロアチア戦）に途中出場した。与えられた10分あまりの時間に、何もできなかった悔しさはずっと忘れられなかった。だから、2002年にゴールしたときは、「ああ、4年前と気持ちがつながったな」と感じたという。

決められなかった悔しさ、勝てなかった無念。森島の現役時代は、常にそれがつきまとった。今度こそ、の思いで走り続けた18年間だった。

森島の背中を見て育った大久保嘉人

J2降格の屈辱は、2度味わった。長居の悲劇の翌年の2001年は、エース候補として期待された大久保が加わった。18歳の突貫《とっかん》小僧のプレーを見た森島は、脅威を感じた。

「自分の時代は終わったと思いましたね」

冗談めかして言った言葉は本音だった。ライバル心をかきたてられた森島は、猛然とルーキーに向かっていった。

「森島さんは、俺に限らず誰にでもガツガツ行っていました。ものすごい勢いで（笑）。あんな年上の人なのに、練習でここまで激しく来るんだって、すごい人だと思いましたね。スライディングもバンバンするんです、必死で」

現在は川崎フロンターレに所属し、2013年シーズンは驚異的なペースでゴールをあげる大久保はセレッソ時代を懐かしんだ。

「森島さんは完璧でしょう。腰が低いし、俺たちみたいな若い選手に対してもずっとそうでした。すごい人です。でも、プレーは激しい。闘志をむき出しにして走るんです。その背中を見るのがよかったな。先輩たちがみんなうまくて勉強になりました。森島さん、アキさん、久藤《くどう》（清一《きよかず》）さん、ユンさん……みんながいろいろ教えてくれました」

今は、持ち前のアグレッシブさにベテランのすごみと落ち着きが加わって、大人の風格が漂う大久保だが、新人時代はやんちゃだった。ピッチ外では、ほとんど自分から話をすることがないほどおとなしいのに、ピッチに立って、いったんスイッチが入ると止まらなかった。

「覚えていますよ、初スタメン、初ゴール、初退場したことは。ジュビロ戦でしょう？　あとは2004年のレッズ戦かな、退場になったときに、アキさんにぼろくそに怒られたこと

ピッチ狭しと暴れ回った若き日の大久保。

もありました。リードされていて、セレッソに流れが来そうになったときに一発退場になったんです。アキさんは怖かった。周りのみんなが止めるぐらいにすごい勢いでした。2度としないようにしよう、と思いましたね」

「降格したこともあったけど、本当に楽しかったです」

と、大久保が振り返っているが、2001年は監督交代が相次ぎ、外国籍選手が何度も入れ替わるなど、チームは最後まで浮上できなかった。年間最下位で、J2降格が決まった。

2002年、1年でのJ1復帰を託されたのが、直前までU-20日本代表を率いていた西村だった。

「あのシーズンは、とにかく1年でJ1に上がらなければいけないという必達目標がありました。そして、6月まではワールドカップのために森島と西澤、そして韓国代表のユン、攻撃の主軸の3人がいないということがわかっていた。それを埋めるために、U－20日本代表にいた佐藤寿人を外から呼んでこなければいけなかったし、2年目の嘉人にはブレイクしてもらわなければいけなかった。あのシーズンは、森島、西澤、嘉人、寿人、今は鳥栖の監督をしているユン、大分の監督の田坂もいた。本当にすばらしいメンバーといっしょにやれて幸せでしたね」

西村の言うように、ベテランから若手、日本人選手と外国籍選手がバランスよく揃っていた好チームは、目標どおり1年でJ1復帰を果たした。

佐藤寿人が語る〝森島寛晃とセレッソ大阪〟

佐藤は、2002年の1シーズンだけセレッソに所属した。移籍した理由について、当時のインタビューでは、

「セレッソが僕にとってすごく魅力的なチームだったから。J2が戦いの場ですけど、攻撃陣にタレントが揃っているので、僕もここで何か学べるのではないかと思いました」

と話していた。結局、1年間の成績はJ2リーグで13試合出場2得点、天皇杯で4試合出場して3得点と、決して満足いくものではなかったはずだ。しかし、彼は著書『小さくても、勝てる。』のなかで、

「試合に出られなかったことは、本当に悔しかったけれど、さまざまなタイプのストライカーに出会い、そのなかで自分の武器を作ろうと決意し、それに取り組んだセレッソ大阪での日々は特別なものだ」

と書いている。それを読んで、どうしても1年間のセレッソでの日々について聞いてみたくなった。

●

サンフレッチェ広島の練習グラウンドは、緑に囲まれたのどかな自然のなかにあった。練習後、快くインタビューに応じてくれた佐藤は、チームの中心選手らしいオーラをまとって見えた。そして、11年前のことを懐かしそうに話し始めた。

「セレッソからオファーをもらったときに、J1に上げるために力を貸してほしい、と言っ

てもらって、ずっと育ったジェフ（千葉）を離れて、大阪に行きました。初めて知らない場所に行って生活するという、サッカー以外の難しさや大変さも感じました。でも、恵まれていたのは、環境がよくて、練習場とかもすごくよかったこと。大阪は大きい都市なんですけど、地元の人たちから愛されているチームだなと感じましたね。あの年は、Ｊ２に落ちて、Ｊ１に上がらなきゃいけないというところで、サポーターの皆さんの期待や支えをすごく感じました。僕は残念ながら、ピッチの上で結果を出すことができなかったんですけど、応援歌やコールも作ってもらって、それが自分のなかですごい励みになっていました。ピッチの上で恩返しをしなきゃな、という思いでずっとやっていたんですけど、ホントに悔しい１年というか、期待に応えられなかったもどかしさがあって、一プレーヤーとしては満足いくものではなかったです。もっといいものを残せたらよかったなと思いますね」

ＦＷには、森島と西澤の代表コンビ、そして大久保、トゥルコビッチ、眞中靖夫《やすお》と多彩なタレントが揃っていた。佐藤が出場機会をつかむのは簡単ではなかった。

「でもホントにいい経験ができて、自分のサッカー人生に間違いなくプラスになった場所でもあり、チームでもあります。もし、２００2年に戻って、同じように選択できるとしたら、間違いなくもう1回大阪に行くことを選びますね。選手は、お手本になる人ばかりでした。

わずか1年の在籍も、佐藤にとって大きかったセレッソでの日々。

森島さん、アキさん、ヌノ（布部《ぬのべ》陽功《たかのり》）さん、久藤さん、田坂さんは今、監督やられているじゃないですか。そう考えると、ホントにすばらしい人ばかり、GKの河野（和正）さん、眞中さんがサブにいて、僕は21歳ぐらいでセレッソに行って、感じることがすごく多かったです。お手本になる人が多いといっても、上から締めつけられるというのではなく、自分のことを尊重してくれて、時には厳しいことも言ってくれる。一番しんどいときに、さりげない声をかけてくれて、モチベーションを保たせてくれたこともありました。クラブスタッフもそうです。久しぶりにセレッソと試合をするというときも、僕がいたときに働いていた人が今もいる。プロのサッカー界のなかで、一番難しいことでもあるし、一番大事なことなのかなと思います。僕自身いろんなクラブでプレーしてきて、スタッフが変わっていってしまうクラブもありますし、セレッソみたいにずっと変わらないクラブもある。**自分のクラブという意識、クラブ愛みたいなものが強いと思います。今、たくさんの優秀な若い選手が育ってきて、さらに海外に羽ばたいていっているというのは、まさにそこだと思いますね。そういったベースとなるもの、土台がしっかりあるというのは大事だと思います**」

2012年、サンフレッチェ広島は初めてリーグ年間優勝を成し遂げた。そして、佐藤は最優秀選手賞、ベストイレブン、得点王、フェアプレー個人賞とすべての栄光を手にした。

「セレッソでの1年間があったから、こうやってプロとして成長してこられたし、自分が結果を出していく、頑張っていくということで、あの1年間は決して間違っていなかったということを証明できます。セレッソのファン、サポーターの人たちは『セレッソ戦以外でやってくれ』ということになるかもしれないですけど、僕のなかではセレッソ戦でもしっかりプレーをしてゴールを決めるということで、成長している部分を見せられるのかなと思います」

2012年、サンフレッチェ広島が優勝を決めたのは、セレッソ戦だった。

「初優勝はうれしかったですけど、やっぱりちょっと複雑でしたよね。できればセレッソ戦以外で、自分が所属したチーム以外の対戦で決めたかったな、と。選手も、ファン、サポーターも目の前で優勝を決められるっていうのは、決して喜ばしいことではないと思うので。でも、試合のあとの挨拶で、セレッソ側の人たちの前を通ったときは、声をかけてもらいましたし、その温かさはすごくうれしかったです。自分が1年間いて、ちゃんとした結果というか、セレッソのファンの人たちに返すべきものを返せなかった心残りはあるんですけど、今でも声をかけたりしてもらえるのは幸せなことです。対戦したときも、ひどいヤジとかはかけられたことがないんですよね。大阪は1年しかいなくて、ましてや結果も出せていないのに。優しくされると申し訳ないような気がします」

今も、佐藤は、時間があったら大阪に遊びに来るという。

「大阪にいたころからずっと支えてくれている奥さんに話を聞いても、あの1年が一番楽しかったって言ってくれる。『俺、試合に出てないけど』みたいな感じですけど（笑）、すごく生活しやすかったです。住んでいたのが、阿倍野筋沿いで、一本道を越えたら帝塚山《てづかやま》の閑静《かんせい》な住宅街で、万代池があったり、長居公園も近くで、犬の散歩に行ったり。よく行ったドッグカフェもまだありましたね。子供にも自分たちが生活した大阪を見せてあげたいなと思って、去年のキンチョウスタジアムの試合は子供2人も見に来たんです。すごい雨であまり観光できなかったんで、また行きたいねって話しています」

佐藤は、セレッソにおける森島の存在についてこう話した。

「そのクラブのトップにいる選手、見本となる選手というのはすごい大きな影響を与えると思いますし、また引退してもなお、スタジアムにああいう形で横断幕が張られる、というのは、一番は森島さんがプレーで示してきたこと、技術的なこと、ゴールというものもそうかもしれないですけど、それ以外の精神的な部分も含めて、いろんな選手が受け継いでいっているということだと思います。森島さんがプレーしているときに、ユース、ジュニアユースの選手たちはもちろん間近で見ていると思いますし、今なら、曜一朗が一番そういうものを記憶して持っていると思うんですけど、曜一朗だけじゃなくて、タカとか螢とかもそういう環境で育ってきている。曜一朗、螢、タカとは何度か話をしましたけど、それぞれがすごくしっかりとした考えを持っているな、と感じましたね。螢なんか、あの歳でホント、大人です。去年のロンドンオリンピックの前のアジア大会、あのときに初めてプレーをちゃんと見ることができて、すごくいい選手だなあと思いました。そしたらすぐに出てきて、どんどん成長していっています。他にも、(杉本)健勇や南野くんとか、**次から次へと若い選手が出てきて、**

多分これからも出てくると思うんですけど、そういったものが、伝統としてクラブに残っているんですよね。それが多分、森島さんが残した大きな功績なのかな。引退して何もクラブに残らない、存在が大きすぎて、ぽっかりと穴があいてしまうようだと、多分それはいいことではないと思います。あれだけ偉大な人がキャリアを終えても、クラブに何らかの形で意志が残っていく、というのはすごく大切なこと。あれほどの選手がいるのは、幸せなことだなあと思います。僕もいっしょにやって、学べることは本当にたくさんありました。技術もそうですし、動きの質もそう。何よりあきらめない姿勢、常に戦うっていう気持ちを出していける。しかもカラダが一番小さいのに。ただ、カラダは小さいんですけど、背中を見ると大きく感じるんですよね。それは多分、存在感だったと思います。森島さんの背中を育成から見ていた選手なんかは、すごく得るものがあると思います」

日本一腰の低いJリーガー

西澤は、森島の人となりについてこう語る。

「変わらないですよね。いつ、誰と、どんな状況でもスタンスを変えないというか、ぶれない。だって俺がセレッソに入団した18歳のころ、あのときからあんな感じで、変わってないですよ。確かに当時は今と違って、髪の毛が長くてカッコつけてアイパーかなんかかけていたけど、基本みんなにいじられながら、ペコペコしながら、みたいな、そのスタンスはどこに行っても変わらない。でも、ああ見えて頑固で、その意味でもぶれないですね」

という話を聞いていると、偶然にも森島が通りかかった。

「アキ、今日は何？　あ、インタビューなんだ」

と言う顔はすでにうれしそうだ。

「モリシこそどうしたの？　眠そうな顔をして。この部屋暑いなー、モリシ、アイスコーヒー持ってきて！」

森島はいそいそと部屋に入ってきて、エアコンの設定温度を調節し始めた。まるでコントのようなやり取りだった。

「ピッチでのモリシはね……しばらく見てないから忘れちゃったけど（笑）、ただもう頼もしいというか、苦しいときに人より走って、ボールを奪いに行ったり、点を取ってくれたり。神出鬼没というか、常にボールのあるところにいるイメージかな。ボールを追いかけていたら、そこに常にモリシがいる、みたいな。もちろんボールを止めたり、トラップとかは抜群にうまいんだけど、シュートが下手だったり、そういうなんていうのかな、スライディングしてシュートしようとして、ゴール前に飛び込んでいったら、ボール残して自分だけゴールに入っていったり、そういう弱点も見せられるというか、そういうところがみんなに好かれるんでしょうね。全部パーフェクトにやる選手なんか、逆に好かれないというか。弱いところもちゃんと見せたりできるのは、あの人のすごいところかなと思いますね」

現役時代は、「日本一腰の低いJリーガー」といわれた。森島のいい人伝説はたくさんある。サポーターから、「写真を撮ってください」と言われて、カメラを受け取ってそのサポーターを写そうとした。新人選手に最敬礼して挨拶をした。最近では、テレビで柿谷と対談をする場面で、椅子を引いてまず柿谷を座らせた……など、挙げるときりがない。ファンサービスは、どんなときも丁寧に応じてきた。ファンを大切にして、快くサインに応じる習慣は、今や社風ならぬ「クラブ風」になった。柿谷をはじめ主力選手たちは、連日練習グラウンドに集まったファン、サポーターに時間をかけてサインをし、写真撮影に応じている（今年に入って、試合前日のファンサービスはなくなり、ハイタッチのみになったが）。

柿谷は、「練習より、そのあとのサインのほうが長かったりして（笑）。でも、それが今は普通というか、なかったら珍しい。これをやらへんのなら、海外へ行っときゃよかったなっていう感じです」と、むしろ歓迎している。このスタンスは、森島が長い時間をかけて、クラブに根付かせたものだ。

1度だけ、こんな「事件」があった。2000年4月5日のジェフユナイテッド市原（当時）戦のことだ。森島が延長Vゴールを決めて勝利した試合で、広報担当だった私は、ヒーローインタビューに指名された森島をピッチに呼びに行った。すると、

「絶対にイヤだ」

と言う。理由は、何度もあった決定機を決められず、Vゴールは典型的な「ごっつあんゴール」だったから。

「それなのにヒーローだなんて、恥ずかしいです。絶対に行きません」

と言うのだ。こうなるとテコでも動かないのが森島である。困って周りを見ると、西澤がいた。森島と私のやり取りを見ていたようで、

「アキ、インタビュー頼めるかな？」

と言うと、

「いいよ」

と快く引き受け、すたすたとインタビュー場所に歩いていったのだ。現役時代の西澤は、

取材嫌いというか、取材の話をするとまず1回でYESということはなく、取材を受ける受けないで言い合いになったのは1度や2度ではなかった。

「アキの一番すばらしいところは、なんだかんだいって一番空気を読める男だということ。周りのことを考えて行動できて、僕がキャプテンをしていたときも、常に周りをコントロールしてくれたのはアキでした。頼りになる、年下ですけど尊敬できる男でした」

という森島の言葉どおりだった。私は、空気を読める男に救われた。

西澤は、森島のことを「昔から変わらない」と言ったが、1点だけ、大きく変わったところがある。トークの力だ。20年前の森島は、典型的なインタビュアー泣かせで、質問に対する答えは、「はい」「いいえ」「そうですね」「頑張ります」「ありがとうございます」と、バリエーションはほとんどこれだけだった。メディアの皆さんは四苦八苦《しくはっく》してコメントを引き出そうとしていたが、ほとんど出てこなかった。

今は違う。人が変わったようにしゃべる。ノリ突っ込みも習得したし、最近ではスベリ芸も身につけた。講演活動も精力的に行なっている。

森島の背中を見て育ち、彼を尊敬する選手はたくさんいる。代表格が柿谷だ。これまで、繰り返しその思いを語ってきた。

「自分のなかで、そこまで『セレッソ、セレッソ』という思いになったり、セレッソというチームはすごくいいチームだと思えるのは、やっぱり、森島さんなんです。今でも選手のサポートをしてくれていますし、**森島さんという存在が、僕のなかで大きい。**だからといって、森島さんを越えられるとも思っていないですし、越えたいとか、越えていくものではないとも思います。森島さんが築き上げてきたセレッソというものを、そのままそっくりやれと言われたら、誰ひとり無理やと思う。それだけサポーターに愛されて、なおかつ結果も出し続けて、他の全選手、もしくはユースの選手にも気を遣っていて、本当にビックリしますよね。現役のときの森島さんは、たとえ『どれだけ頑張っても無理やろ……』っていうぐらい負けているときでも、ホンマに最後まで走っている。味方がファウルされたり、なめられたプレーをされたら火がつくのか、本当にやり返しに行くぐらいの気持ちは、当時の僕らにも見えました。それに、森島さんは自分では『シュートが一番下手くそやわ』とか言いますが、僕らからしたら、『じゃあなんで、あのワールドカップのあの場面で、ゴールが取れるんですか』という話です。そういうところも常に謙虚で、ホンマに見ていて勉強になるというか、何かを伝えてくれる存在です。だから、試合前に会うだけでやる気が出る、何も言われなくても。それくらい大きな存在です」

　また、森島との対談ではこんなふうに話したこともある。

「僕はジュニアユースのときにセレッソの降格を見ていて、メッチャ悔しそうな様子も見ているんです。負けている試合で、森島さんは、相手のゴールキックのときに相手GKがプレーを遅らせようとすると、ボールボーイのところまで行って、ボールを取りに行って置いていた。そういうのを見て、僕らは心を打たれたんです。（ジュニアユースの）監督にも、『プロというのはああいうもんなんやぞ』って言われました」

　不思議だったのは、その対談中に柿谷がまったく森島と目を合わせようとしなかったこと

「大好きな森島さん」との2ショットは、柿谷の宝物。

だ。イヤがっているのかな、と思ったがそうではなかった。好きすぎて、目が合わせられなかったようだ。柿谷は、対談のときに撮った2ショットの写真をプリントしてほしいと言ってきた。そして、その写真に森島のサインを入れてもらっていたのだ。

「好き……という言葉じゃないなあ、お兄ちゃん、でもないし。うーん。森島さんは神かな。僕のなかでは、嘉人さん、アキさん、森島さんが神3《かみスリー》なんですよ。その3人はもう順番はつけたくないぐらいのレベル。森島さんはもちろんそのなかでも特別。一番面倒見がいいのはアキさん。男としてカッコイイと思えるのはアキさん。嘉人さんは本当にお兄ちゃんみたいで、あんなにすごい人やのに、普段は天然というか、子供というか、そんな存在。森島さんは……お父さんでもないし、やっぱり神、かな。ちっちゃいね。キーホルダーとかになっていそうな、持っていたらご利益ありますよ、みたいな。あったらすごく安心する、ビリケンさんみたいな感じ。いつもいっしょで、誰にでも優しくて」

柿谷が森島を好きすぎる、という話を西澤にすると、

「気持ち悪いっすよ、あれは（笑）。でも、曜一朗は小さいときからこのクラブでずっとやってきて、そのときにトップチームで8番を着て、ずっと最前線を突っ走っていた森島っていう存在は、そりゃあ、スクールやジュニアユースとかからやっている曜一朗からしたら、

ちょっと俺には想像できない存在なんだろうなと思いますね。幼稚園のときから、セレッソといえば森島というなかで育って、高校2年生になるときにトップに入ってきて、それまでセレッソという看板をしょって、引っ張ってきた森島っていう存在は、曜一朗からしたら、すごい人。常に見ていた人と同じピッチに立つという、考えられないことになったわけだから、そうなるのは当然かもしれないですね」

柿谷だけではない。森島を慕い、あとに続こうとする選手たちはたくさんいる。2003年に入団し、今はチーム最古参《さいこさん》になった酒本憲幸は、

「現役時代の森島さんは本当にすごい人。セレッソに入る前は『いい人だ』って聞いていたけど、グラウンドに入ったら全然違う。やられたらやり返す、グイグイ行く、練習中もガツガツ来て、僕らにも『来い来い』という感じで、それを楽しんでいる。怖かったです。紅白戦で対戦したときも、『そんな動きあるの?』みたいな動きをよくしていました。今でも意味がわからないんですけど、僕がマークしていると、ボールと逆方向の関係ないところでクニャクニャ動いている。あれ、本当に意味がわからなかったです。相手チームはやりにくいやろうな、という選手でした」

と、独特の表現で森島を語る。

現在キャプテンを務める藤本康太は、２００５年に入団し、「長居の悲劇第2章」のときは、先発メンバーとしてピッチに立っている。

「正直いうと、僕はビビりながらピッチに立っていました。何かやらかすんじゃないか、って。でも、５年前を経験しているモリシさんやアキさんは本当にいつもどおりでした。みんなを緊張させないように気を遣って声をかけてくれていました」

そんな初々しいコメントをしていた新人センターバックは、今はチームを引っ張る選手になった。そして、

「僕はあの日から、ずっと思っています。森島さんと優勝を味わいたいという気持ちを持っています」

と、話している。

2008年10月に引退を決意

原因不明の首痛が森島を襲ったのは、２００７年のシーズン初めだった。２００５年にタイトルを逸したチームは、２００６年には失速して再びJ2に降格、２００７年からは再び

戦いの場をJ2に移すことになった。前回と違うのは、多くの選手がセレッソを離れたこと。無二のパートナーである西澤も清水エスパルスに移籍した。若い選手が多くなったチームで、森島はキャプテンに指名されていた。

3月31日のコンサドーレ札幌戦に途中出場したのを最後に長期療養《りょうよう》に入ったが、あらゆる検査をしても、原因はわからなかった。

2008年10月30日、引退を決意した森島は、チームメイトの前で自ら報告した。ミーティングルームから出てきた選手たちは、みんな目を泣き腫《は》らしていた。

引退の記者会見は、大阪長居スタジアムで行なうことになった。ホームスタジアムであり、ワールドカップでも得点を記録した思い出の場所だ。

「私、森島寛晃は、今シーズンをもちまして、現役を引退することになりました。ヤンマーでの3年間を含め、プロサッカー生活18年、本当にファン、サポーターの皆様に支えられてここまでやってこられたと思います。本当にありがとうございました。また、スポンサーの皆様をはじめ、お世話になった皆様方に心から感謝の言葉を言いたいと思います。本当に長い間ありがとうございました。自分自身、昨年の3月から戦列を離れ、何とかピッチに立ちたいという……何とかもう1度ピッチの上でサッカーがしたいという思いで頑張ってきましたけど、またサポーターの温かい言葉もいただきましたけれど、何とかピッチでひと花咲かせたいと思って頑張ってまいりましたけど、自分の来季というものがなかなか見えてこず、こういう引退という形になりました」

涙をこらえながら話す森島の姿を見ると、涙が止まらなかった。記者会見の司会をしながら、こんなに泣いていいのだろうかというぐらいに私は泣いた。森島の引退を知って、サウジアラビアのホテルで号泣したという柿谷にも負けないほどだったと思う。質問する記者も涙声で、会場にいた古参のクラブスタッフもみんな泣いていた。

記者会見で森島は、こう決意を語った。

「J1復帰に向けて、これから大事な時期になっていきますけれども、自分自身も最後の最後まで、プレーヤーとして一生懸命戦っていきます。(最終節の)12月6日でちょっとでも出られるように、出してもらえるようにしっかり頑張っていこうと思っています。出られるかどうかはわからないですけれど、出るつもりで頑張っていこうと思います」

少しずつトレーニングを始めた森島の姿を見て、みんなの気持ちはひとつになった。

「森島さんに出てもらえるようにしたい……」

香川は、

森島の最後の試合は、香川との交代だった。

「森島さんにはまだ現役でプレーしてほしい思いがあります。いっしょにピッチに立つことが夢だったので……まだその可能性はあるので、森島さんのためにも残り試合は頑張らないといけない。恩返ししたいし、森島さんのために残り4試合を戦いたいです」

と、決意を語った。

レヴィー・クルピは、試合の3日前に森島をベンチ入りさせることを決めた。

「彼に敬意を表して、最終戦は必ずベンチに入れたい。そのことによって、チームの士気は高められる。出場させるかどうかは、ゲームの状況によって考えたい」

最終節は12月6日、愛媛FC戦。チームはまだJ1昇格の可能性を残していた。ベガルタ仙台の結果次第というところはあったが、大一番に違いはなかった。

「森島さんに早く出てもらえるよう、早い時間帯にたくさん点を取ります」

選手たちは異口同音《いくどうおん》に言った。しかし、意気込みに反して選手たちの動きが硬く、逆にリードを許してしまった。ようやく63分に酒本の同点ゴールが決まり、直後にはカイオのゴールで逆転、2－1のままアディショナルタイムを迎えた。

「セレッソが逆転して、残り時間が少なくなったとき、愛媛の選手2人ぐらいに、『森島さん出ないんですか?』って聞かれて。そうなると僕らもそわそわし出して、レフェリーもそわそわし出した」

ピッチにいた酒本はそのときの様子をこう話した。

交代が告げられたのは、終了間際だった。香川アウト、森島イン。前田和哉が駆け寄っていき、巻いていたキャプテンマークをはずして森島の腕に巻きつけた。

「真司との交代でしたね。そういう演出を監督がしてくれたのでしょう。和哉がキャプテンマークを巻いてくれたときは、正直いって泣きそうになりました。いろいろなことが思い出されました」

誰もが待っていた瞬間だった。1年8カ月ぶりに背番号8がピッチに戻った。二十数秒、2タッチのラストプレーに、スタジアム中の視線が注がれた。スタンドには、清水エスパルスに移籍していた西澤の姿もあった。盟友の最後の雄姿を目に焼きつけると、西澤は自身の引退を思いとどまった。そして、森島に代わってチームをJ1に戻すため、セレッソへ復帰することを決意した。

試合後は、温かで楽しい引退セレモニーが行なわれた。香川に渡された背番号8、「モリシありがとう、これからもヨロシク」の横断幕。ミスター・セレッソは笑顔でピッチを去った。

つけてから気づく8番の重み

この日を限りに、森島は8番のユニフォームを脱いだ。渡された香川は戸惑っていた。

「森島さんにそう(後継者と)言ってもらえたのは光栄です。思ってもみませんでした。でも、8番をつけるかどうかというのはこれから考えたい……考えたいというのは偉そうですけど、8番というのは自分にとって大きいもの。自分は未熟で、まだ人間ができていないですから」

そして、決意する。

「森島さんの名前を汚すことなく、輝かせるように、自分がもっと頑張って、自分の歴史を築いていけばいいかなと思います」

悲願のJ1復帰は、新しい8番に託された。

「自分は、J1で8番をつけて結果を出すんだ、ということにこだわっていましたから、まずJ2からJ1に上げないと意味がなかった。だから必死でやっていましたね。**8番をつけたことで、責任感はいっそう増しました。8番というのはプレッシャーかもしれないけど、結果を残していけば、自然と身につくのではと思っていました。あとは人間性です。森島さんはスーパーな人で、すばらしい人間性がある人。その人の番号を自分がつけさせてもらった。サッカーだけではいけないっていうのは頭に入れていたし、ファンあってのセレッソの8番。セレッソの8番のイメージを壊さないように、森島さんのようにファンに対して気配りを持って接するようにしていました**」

プレーだけではない、人としてのありようも8番は意識させてくれた、と香川は話す。

西澤も、1度8番をつけてみたい、と思ったことがある。

「背負ってみたら、どんなものかわかるかなあ、なんて思ったんです。8番をつけるっていうのは大変だと思います。今はもう、クラブがそういう番号だと認めていますからね」

香川のあと、8番を引き継いだ清武は、その重みを一番感じた選手かもしれない。

「実際につけてみないとわからないことは、たくさんありましたよ。でも、よかったです」
（清武）

「僕はたまたま最初に8番をつけただけ」

Jリーグで、ひとつの背番号が継承されるという例はそれほど多くはない。そのなかで、「8番」をクラブの象徴的な番号とするのは、セレッソにしかない思想だ。

「僕にとって、8番をつけるということは、ずっとセレッソにいるということ」

今の8番、柿谷は折に触れて話していた。実際に海外移籍を一時封印して、今シーズンに臨んでいる。そして、8番をつけることがどんなに重く、大変なことかを感じながらプレーしている。

「走り切る、あきらめない。それがセレッソの8番の代名詞です。それは伝統として貫き通すべきだと思っています」

開幕戦の前日は、8番をつけてプレーする姿を想像すると、興奮して眠れなかった。

「今も慣れるというのはなくて、8番をつけているのが自分だと思うだけで、うれしくてしょうがない。単純にカッコイイと思う。期待感や重圧というのは全然消えないですね。この背番号をつけている限り、永遠につきまとってくるものだと思います」

背番号は、柿谷のとんがっていた性格も変えた。

「『何があっても、ここで自分が決める!』というだけじゃなくて『誰が決めてもいいし、誰が守ってもいいいし、勝てばいいんや』という気持ちでやらないと、チームメイトは評価してくれません。いくらうまいとかいわれても、試合でチームメイトから信頼してもらえない選手なんていらない。そんな選手が8番をつけるべきじゃない。森島さんみたいに、いつも笑顔で腰が低くて……というのは僕にはできないと思います。まだ23歳でどちらかというと喜怒哀楽が激しいほうです。でも今は年下の選手もいっぱいいるし、ちょっとしたことで、昔みたいに怒ったり、感情がコントロールできないようになるというのはダメだと思っています」

森島も、後輩たちに心から感謝している。

「セレッソの立ち上げから8番をつけさせてもらって18年間、僕はサポーターからも、クラブからもすごく大事にしてもらったと思います。この8番を、本当に大きく育ててくれたのは、真司であり、キヨであり、今つけている曜一朗なんです。もし真司だけで終わっていたら、そんなに話題にならなかったと思います。自分が引退していくなかで、真司や乾がセレッソというチームの土台を築いてくれました。そのなかでも、真司の存在はすごく大きかったです。そして、チームをＪ１に上げて、海外に行って今も頑張っています。キヨもそうです。期間は短かったですけど、８番というものへの思い、真司がつけた背番号を引き継ぐという思いをしっかり持ってやってくれました。本当にサポーターに愛されて、活躍して海外に行きました。セレッソというチームを全国区にして、アジアに、世界に広めてくれたのは、真司であり、乾であり、キヨです。そういう選手たちが、チームを離れはしましたけど、活躍して今もセレッソのことを好きでいてくれて、愛着を持ってくれている。うれしいですね。そして、今つけている曜一朗が、また8番を大きくしていってくれています。僕はたまたま最初の8番を長くつけただけ。もともと大阪にはガンバがあって、なかなかセレッソを知ってもらえず、優勝もできずに来ました。そのセレッソを海外にまで知らせてくれたのは、そのあと8番をつけた選手たちです。彼らの活躍がなければ、これだけ取り上げられることはなかった。強い思いを持って、セレッソを何とかしたいとやってくれた、そして今もチームで頑張ってくれている選手たちのおかげです」

どんな仕事も決して手を抜かない

会った人はみんな大好きになる、それが森島だ。周りを笑顔にさせ、なごませる天才、誰もが協力したくなる稀有《けう》な存在。アンチがいない珍しい人気者である。

森島はどうしてこんなにも愛されるのか。ずっと考えてきた。答えはすぐそばにあった。人を思いやる、周囲に気を遣う、仲間を大事にして、どんなときも一生懸命。単純なことだけれど、これが人の心を打つのだ。

現役時代の森島がボールを持つとうれしくなり、ゴールを決めると涙が出そうになった。倒されても起き上がり、屈強なディフェンダーの足元を動き回ってきりきり舞いさせているのを見ると、胸がすく思いがした。絶対に見ている人を裏切らなかった。それは、常にプレーがひたむきだったから。

アンバサダーになった森島と、いっしょに仕事をすると、さらにその思いは強くなった。

どんな仕事も手を抜かない。カメラが回っていてもいなくても、関係なく一生懸命に取り組む。

「モリシ、いいんじゃない、もうそのあたりで」

というのが通用しない。最後までやる。誰も見ていなくても、テレビに映っていなくてもやる。これなんだな、と気づかされた。チームメイトが「森島さんのために頑張る」と言い、歴代の監督がどんなときもメンバーから外さなかったのは、こういうことだったんだ。いっしょに働くようになって、初めてわかる森島のすごさだった。簡単なようだが、誰にでもできることではない。

「森島さんは、セレッソのレジェンドでしょう? セレッソはそういうものをもう少し大事にしたほうがいいかもしれないね」

何気ない口調で香川が言ったのは、ドルトムントに移籍して2年目のことだった。確かに、そうかもしれないと思った。

たったひとつの存在、永遠に語り続けられるだろう初代・ナンバー8。香川の言うとおり、クラブの20周年を機に、正式に「レジェンド」を誕生させてもいいのではないだろうか。

第6章
セレッソ・アイデンティティ

「いいサイクルが生まれている」香川真司

セレッソ大阪には、いくつかの「オンリーワン」が存在する。

ひとつは、森島というクラブを象徴する唯一無二の存在がいるということ。彼の来た道をたどれば、クラブの歴史が見え、無数のドラマがあふれ出てくる。選手の名前をあげるだけで、多くを語らずともそのクラブのカラーがわかる。そんなクラブは、Jリーグにいくつあるだろうか。

現役を退いた今も、森島の存在感は抜群だ。ホームゲームで、スクールで、そして地域のイベントで、メディアを通じて、「セレッソ大阪の森島」を発信し続けている。

森島のDNAは、後輩たちに受け継がれ、さらに後進に伝えられている。今年、雑誌の企画で、森島がセレッソ大阪堺レディースの選手にインタビューしたときのことだ。高校1年生で15、16歳の彼女たちは、森島の現役時代をほとんど知らなかった。

「お母さんから聞きましたけど、森島さんって、ワールドカップに出てたんですよね?」

そう言われたときは、さすがの森島もずっこけていた。しかし、そんな彼女らも、

「柿谷選手が一番尊敬している人って誰か知ってる？」

と聞かれたときは、

「森島さん！」

と、即答した。高校生、中学生年代のレディースの選手にとって、柿谷は「神」的な存在である。

小菊昭雄も、森島の存在が若い選手たちにつながっていると話す。

「森島さんの背番号8を見てきた真司や曜一朗は、その重さやプレッシャーと戦いながら、憧れの森島さんに近づこうとするなかで、人間性も磨かれていったと思います。今の若い選手は、森島さんの活躍を直接知らないかもしれないけれど、真司は森島さんを知っています。拓実とかは、森島さんの全盛期は記憶にないかもしれないけれど、真司の背中は見てきました。螢も、マル（丸橋）も、タカも、健勇も、みんなそうです。一番努力した選手が、世界のビッグクラブに羽ばたいていくという事実は、僕らスタッフが言葉で伝えなくても、伝わっています。『真司くんがあれだけやっていたんやから、自分らはもっとやらなアカン』と自然に感じるんです。だから今のチームはすごくまじめ。

若い選手たちは、サッカーに対してひたむきに取り組んでいます。レジェンドといわれる選手の存在と、育成の歴史が今のセレッソを作ったと思います」

香川は言う。

「すごくいい循環というか、サイクルというか、育成から上がってきた選手、今は曜一朗や蛍、タカ、健勇、拓実がトップで活躍して、日本代表に入ったり、世界に行くっていうすごくいいサイクルがセレッソのなかでできつつあると思います。日本ではなかなか見ない環境だと思うから、そういうことをセレッソが続けていくことで、もっと面白いチームになると思います。そして、育成からだけじゃなくて、外から入った若手の選手が成長して活躍していくというスタイルもセレッソは持っている。子供たちに与える影響というのは、大きいでしょうね。大げさにいったら、バルセロナみたいな、カンテラからしっかりいいサッカーをして、そのままトップにつなげていくというのが一番理想だと思いますし、僕のように他からプロに入る若い選手も、しっかり育ててくれる環境だということを植え付けている最中だと思います。そういうのがこれからもっと確立されたものになっていけば、セレッソはすごいチームになっていくんじゃないかなって思いますね」

そして、今はライバルチームでプレーする佐藤寿人は、こう語る。

「今は、移籍を繰り返すなかでステップアップしていく、海外から話があれば挑戦していくというろんな選択肢があるなかで、Jリーグで森島さんのような形が残っていくのか、というのは難しい問題かもしれないです。でも、やっぱり森島さんが残したものがあって、そのなかで真司が羽ばたいて、キヨもそうですすよね。キヨは外から来た選手ですけど、間違いなくセレッソに行ったから成長している部分はあります。そして曜一朗とかがどんどん下から出てきて、出てくることでまたもっと若い選手が、『柿谷選手みたいに』『山口選手みたいに』とやっていると思います。そう考えると、同じチームに森島さんみたいな人がいるのはすごい大きいですし、同じJの舞台で、対戦しなきゃいけないのは怖いなと思いますね」

育成スタッフの合言葉は「2030」

セレッソは「みんなが仲のいいクラブ」とよくいわれるが、一方で、強いライバル心がベースにある。森島と西澤、森島と大久保、香川と乾、香川と柿谷……同じチームで好敵手《こうてきしゅ》と出会い、しのぎを削ることが、いかに大きく尊いことか、彼らが身をもって証明している。ともに成長し、刺激を与え合い、助け合い、お互いの特長をいかし合う。それはサッカーでしかできないことだ。

「20番がいなければ、８番はなかった。18年間プレーしましたけど、20番がいなかったら、こんなに長くはできなかったです。後輩ではありますけど、西澤明訓という存在は、大きかった。現役でなくなった今も、自分にとっては大きい存在です」

森島の言葉どおり、もし西澤がいなかったら。もし乾がいなかったら。香川がいなかったら。柿谷がいなかったら……彼らはどうなっていただろうか。

すべてはつながっている。森島、西澤から始まったクラブのＤＮＡは受け継がれ、伝説として語り継がれていく。香川しかり、清武しかり、柿谷しかり。そしてさらに若い世代へも。

「背番号８」は伝説となり、歴史は紡がれていく。

もうひとつのオンリーワンは、ハナサカクラブに象徴される「育成型クラブ」、そしてそうあり続けようとする強い意志だ。

２００８年12月27日のＪユースカップ決勝。長居スタジアムで行なわれたガンバ大阪ユースとの試合は、忘れられない一戦だ。山口、丸橋、扇原、永井龍、杉本、夛《た》田凌輔《だりょうすけ》と、のちにトップ昇格を果たす選手が多数出場していた好チームだったが、それでもガンバの壁は厚かった。２点リードをひっくり返されて、２－４で敗れた苦い思い出。本当に悔しかったのを覚えている。

仕事納めはJユースカップ決勝。今年の始動は、U－18のスペイン遠征帯同だったから、U－18に始まりU－18に終わった2008年でした。ガンバとの決勝は、「地力の差」「個々の能力の差」のようにも見えました。実際にそうだったかもしれません。でも、一番大きな「差」は、「育成の積み重ねの差」だった気がします。

一朝一夕にはいかない、長い年月の積み重ね。ひいてはクラブがどんな思想をもってきたのか。長居スタジアムの寒風にさらされながら、そんなことを考えていました。

私のブログにはこんな書き込みが残っている。あれから5年。本格的に育成型に転換してからはわずかに4年しかたっていない。その間に、セレッソが育成型クラブであることは広く浸透した。しかし、今に満足しあぐらをかくわけにはいかない。クラブが、チームが動き続ける限り、育成に終わりはない。

「2030」。セレッソの育成スタッフ全員の頭のなかには、この文字が刻まれている。2030年には、外国籍選手を除くトップチームのすべての選手を育成出身の選手で構成しようという夢。もし達成したとしても、その先も育成は続いていく。

「今年、グラウンドはすばらしい環境になり、お客さんも増えていますよね。新しいセレッソをどういうふうに築いてくれるか、というところは楽しみにしたいです。トップチームの成績は、一喜一憂《いっきいちゆう》してしまうところがあると思います。でも、育成の部分は、成績にかかわらず、手を抜かずにやらないといけないです。そこは、ぶれない伝統としてほしいと思います。育成は指導者、そしてそれをとりまくファン、サポーターで作るもの。それさえしっかりしていたら、たとえ勝負に負けても、サポーターは何も言わないで、じっと見守ってくれる。そういうサポーターが多いのがセレッソの特長でもあると思います」

クラブに育成の種を蒔いた西村昭宏は、確信している。

アイデンティティを受け継いでいく

育成から次世代のスターも誕生している。

「試合中は戦っているんで、弱さは見せられないです。気持ちが弱くなることもない。ピッチに立っている以上、立ちたくても立てない人の分も、背負って立っているから。自分ひとりのために戦っているのではない、チームのためであり、立ちたくても立てない人のためでもあります。僕は、森島さんや西澤さんのプレーを見て夢を与えてもらったし、ユース上がりの先輩たちの活躍を見て、いつかは自分もと、刺激にしてきました。**サッカー選手である以上、今度は自分が後輩たちに、そういう夢だとか、いつかは僕もと思わせるように活躍しないといけないと思っています。そういうバトンを受け継いでいっているチームだし、自分もその役割を担わないといけないと思います。**自分は、最高の環境にいると思います」

18歳の南野の口から、こういう言葉が普通に出てくるクラブに、セレッソはなったのである。

クラブを作るのは、クラブの人間だけではない。もうひとつのオンリーワンとして、サポーターの存在がある。セレッソの生命線である育成を支えるハナサカクラブは、彼ら・彼女らの思いなくしては成り立たなかった。この温かい仲間たちと、セレッソはこれからもいっしょに歩いていく。

人と人とのつながりが、クラブを大きくし、強くしてきた。森島から始まった流れは、西澤、大久保、香川、乾、清武ら多くの選手と合流し、今は柿谷、山口、丸橋、扇原、杉本、南野ら育成からの新しい血が注ぎ込まれて、涸《か》れることのない洋々とした大河になろうとしている。もろちん、選手の力だけではなく、愛情を持って育ててきた多くの指導者やスタッフの尽力や、ファン、サポーターの協力があったからこその今である。

次々に海外へ選手が出ていってしまうのではないか、と心配する声もある。その流れは、おそらく止まらないだろう。でも、と宮本功は言う。

「セレッソから海外に出てキャリアを積み、本当にワールドスタンダードな選手になったときに、彼らを外国籍選手枠で獲得すればいいと僕は思います。ない話ではないです」

20××年、円熟味を見せるヨーロッパ帰りの彼らが、セレッソの選手として再び長居のピッチに立つ。周りを固めるのは、育成出身の新鋭たち……夢のようなチームが実現するかもしれない。そんなチームがJリーグにあるならば、誰もが見たいはず。私は、絶対に見たい。

サッカーはきわめて自由なスポーツで、ボールは丸い。知恵と工夫と粘り強さで、いかようにも変化させ、面白くできる。この20年で、セレッソはそれを証明してきた。次の10年、20年も、さらに進化と変化を。クラブのアイデンティティを尊重することを忘れず、受け継ぎながら。

おわりに

2013年、セレッソ大阪の舞洲グラウンドには、少し前なら考えられないほど多くのファン、サポーターの方々が来てくださった。キンチョウスタジアムも大阪長居スタジアムも、試合を追うごとに観客数が増えていった。

ピッチでは、4代目の背番号8が輝きを放ち、その横ではクールな背番号6が渋く光っていた。バックラインでは、「花の2006年TM50組」のひとり、背番号23の山下達也が圧倒的な存在感を見せた。

数年前に蒔いた種が、芽を出し、葉を広げ始めたシーズンだった。そんなすばらしいタイミングで、本書を上梓《じょうし》できたことをうれしく思う。20年間、セレッソ大阪にかかわるいろいろな仕事をさせてもらったが、「一番楽しかった」といってもいい時間だった。

好きなクラブのことを、今までずっと考えていたことを、ひたすら書くことがこんなに楽しいなんて。書き終えた今、寂しい気持ちさえする。

とはいえ、まだ書き残したことがあるような気がしてならない。この本に書いたことは、セレッソ大阪の20年のごく一部である。今までクラブにかかわってこられた方、尽力された方は、たくさんいらっしゃる。すべてを書き尽くすことができなかった悔いが、ふつふつと湧いてきている。

クラブ創設期に、何もないところからスタートしたころのことは、特に忘れがたい思い出だ。1994年、みんなで一丸となって乗り切った初めてのシーズンは、最高に熱く濃密なものだった。あの1年を思い出すと、モチベーションが高くなる感覚は今もある。この場を借りて、当時のクラブスタッフの皆さんにお礼を申し上げます。今の私があるのは、皆さんのおかげです。ありがとうございました。


そして、多忙のなかで本書の取材に応じてくださった皆さん、本当にありがとうございました。とりわけ、短いオフに快く時間を割いてくださった香川真司選手、乾貴士選手、清武弘嗣選手には深く感謝いたします。

また、今はライバルチームのエースストライカーとして大活躍されている、佐藤寿人選手、大久保嘉人選手。シーズン中にもかかわらず、インタビューに応じてくださり、本当にありがとうございました。

取材をはじめ本書に関して多大なご協力をいただいたセレッソ大阪の皆さんにも深く感謝申し上げます。皆さんの広いお心なしでは、本書は完成しませんでした。ありがとうございました。

そして、セレッソ大阪を支えてくださっているファン、サポーターの皆様へ。いつもありがとうございます。これからも、どうぞよろしくお願いします。セレッソ大阪が、さらに皆さんに愛され、喜びと感動を与えるクラブになりますように！

２０１３年11月24日　横井素子

横井素子 Motoko Yokoi

奈良県奈良市生まれ。広告代理店勤務のあと、フリーランスの編集・ライターとして、セレッソ大阪の広報ツールの制作などに携わる。1999年〜2000年、2008年〜2011年はセレッソ大阪トップチーム広報担当、現在はセレッソ大阪広報アドバイザー兼セレッソ大阪堺レディース広報担当。セレッソ大阪の前身、ヤンマー時代からチームを見続ける「セレッソの母」的存在。
セレッソ大阪のホームページは
www.cerezo.co.jp/

セレッソ・アイデンティティ
育成型クラブが歩んできた20年

GENTOSHA

2013年12月10日　第1刷発行

著者　横井素子
発行人　見城 徹
発行所　株式会社 幻冬舎
〒151-0051
東京都渋谷区千駄ヶ谷4-9-7
電話　03（5411）6211（編集）
03（5411）6222（営業）
振替　00120-8-767643
印刷・製本所　中央精版印刷株式会社

検印廃止

Printed in Japan
ISBN978-4-344-02481-6 C0095

幻冬舎ホームページアドレス
http://www.gentosha.co.jp/
この本に関するご意見・ご感想をメールでお寄せいただく場合は、
comment@gentosha.co.jpまで。